果你在追求她, 就带她去必胜客, 虽然很贵却很浪漫

约会要去必胜客

萧　畔 ◎ 编著

中国华侨出版社

图书在版编目(CIP)数据

约会要去必胜客 / 箫畔编著. —北京:中国华侨出版社,2010.4
ISBN 978-7-5113-0375-2

Ⅰ.约... Ⅱ.箫... Ⅲ.爱情—通俗读物 Ⅳ.C913.1-49

中国版本图书馆 CIP 数据核字(2010)第 067520 号

● 约会要去必胜客

编　著 / 箫　畔

责任编辑 / 崔卓力

装帧设计 / 宇鸿堂

版式设计 / 岳春河

责任校对 / 吕栋梁

经　销 / 全国新华书店

开　本 / 787×1092 毫米　1/16　印张 /16.5　字数 /215 千字

印　刷 / 廊坊市华北石油华星印务有限公司

版　次 / 2010 年 6 月第 1 版　2010 年 6 月第 1 次印刷

书　号 / ISBN 978-7-5113-0375-2

定　价 / 28.80 元

中国华侨出版社　北京市安定路 20 号院 3 号楼　邮编:100029

法律顾问:陈鹰律师事务所

编辑部：(010) 64443056　64443979

发行部：(010) 64443051　传真：(010) 64439708

网　址：www.oveaschin.com

e-mail：oveaschin@sina.com

前　言

　　谈情说爱谁不会，不就是朝朝暮暮、卿卿我我、才上眉头又上心头么？如果真的这么简单，这男男女女的故事就不会千百年来为世人传诵了。现实中的婚恋是复杂的、纠缠不清的，甚至会为"在哪里吃饭"这类小事坏了一桩好事。

　　比如说，某帅哥约美女吃饭，美女执意要去必胜客吃匹萨，帅哥却说，在那儿吃一顿少说要两张"红色毛主席"，太贵。于是乎，美女怪他太抠门太小气根本不爱自己，泪奔。帅哥恨她爱慕虚荣无理取闹不会过日子，大怒。双方僵持不下，最后分道扬镳。

　　类似的小故事并不少见，我就亲耳听过某男大放厥词："爱吃肯德基麦当劳必胜客等洋餐的妞勿扰，我没钱请你们吃那些又贵又没营养的洋垃圾。"结果，此男年逾30，一直找不到"理想中"的女友。即使女方不喜欢吃洋快餐，也对他这番慷慨陈词表示反感。

　　在我看来，这位帅哥若想找到一位好女友，最好先读经济学。爱情、经济学，两个看似不搭边的领域。前者属于感情范畴，而经济学则是理性的，真是风马牛不相及。可仔细一想，爱情虽然是感性的，但是没有理性也不行，因为经营婚姻需要理性。而经济学则恰恰是提供理性思维的学科，所以，恋爱、婚姻都是需要经济学的。

　　《约会要去必胜客》正是从经济学的角度来分析恋爱婚姻的种种现象，试图帮助读者更深刻地理解各种让人心碎、心醉的状况，使读者能够更加正确地对待婚姻，能够得到更好的婚姻，建立更好的两性关系，使自己的生活能够在经济学理性的帮助下更加美好起来！

　　这本书并非学术大部头，它只是婚恋关系中的小智慧。平日里，我们总是抱怨爱人不够体贴、好伴侣很难找，结了婚爱情就没了，柴米油盐的生活乏味之极。如果你阅读了《约会要去必胜客》，就会发现，其实这些不快乐的原因就在于你没有"算"清楚，你没有用经济学的眼光去看待爱情、婚姻这档子事儿。我们身边的大事小事都可以用经济学原理来逐一破解——包括爱情和婚姻。

为什么男人舍得买上万块钱的单反相机却不舍得请女友吃100块钱的必胜客？

为什么女人口口声声说爱情，却必须买了房子才结婚？

为什么结婚之前丈母娘对女婿横挑鼻子竖挑眼，结婚后却紧着说女婿的好话？

为什么天下的婆媳都把彼此当成假想敌？

为什么男人偷着找情人却坚决不肯离婚？

为什么相亲大会上有的人被丘比特万箭穿心，却有的人依旧形单影只？

为什么"好汉无好妻，赖汉娶花枝"？

为什么老话说"有剩男没剩女"，现在"剩男剩女"成了社会问题？

……

从全新的经济学角度揭开这些谜团，把剪不断理还乱的情感纠葛轻轻松松地讲明白，这就是这本书的绝妙之处。

爱情遭遇经济学不一定是坏事。经济学能把千头万绪的婚恋关系条理清楚地解释明白，所有"双面胶"、"恨嫁女"的前嫌都能涣然冰释。这非但不会让我们的爱情变淡，还能让短暂的激情变成长久的温情，更加保鲜、保险。

当然，感情这东西终究不是呆板的公式和概念，它并没有标准确切的答案，每个人都有可能给出更多更合理的解释。虽说，不是每一个人都是经济学家，但至少，我们可以更积极地去思考，并把思考用于生活。这样，我们每一个人的爱情、婚姻当中都会少一些吵吵闹闹，多一些冷静的沟通和理解，生活就会更加美好。

如果我的这一番话唤起了你思考的热情和对婚恋经济学的兴趣，那么，就请翻开这本书吧。一次"精打细算"的爱情、婚姻之旅即将在你眼前展开。

contents

目　录

第一章　理性让我们患上"婚姻恐惧症"

　　有人说爱情可以是感性的，但是婚姻必须要理性。所谓"感性"是指"感情用事"，一切从感情出发，而不是理性思考，而"理性"则是指"理智冷静"，一切从理智出发，而不考虑感情。然而这句话是经不起推敲的，无论爱情还是婚姻都是需要感情，更是需要理性的。感性如火，虽然热烈，但也倏忽；理性如星，虽然微弱，但却恒久。想要维持持久的关系，离不开感情，但是更离不开理性。所以说，每一个人都需要成为经济学中的"理性人"，用理性来指引自己的爱情、婚姻，用理性的态度来对待两性生活中遇到的所有问题。但是物极必反，如果太理性了，也许就不想结婚了，所以既要理性，又不要太理性，拿捏好尺度，才能成为成功驾驭婚姻这辆马车的高手。本章就是从理性人的角度来分析探讨人们应该如何正确地对待婚姻的！

第二章 我爱你那么多，你爱我一点儿会死啊！

　　差不多10年前香港歌手陈小春的一首歌《女人不应该让男人太累》的副歌部分唱出了某些男人的心声：就算再付出，我都撑得住，我不怕辛苦，苦到什么地步，只要你满足，但你何时满足，爱得好累真的好苦，女人不该让男人太累，虽然你是我的一切，也别让我感觉爱你很可悲，爱得好累真的好苦。这种"忘我"的男人真令人敬佩，也是很多女人的首选，但是他也有累的时候，也有爱够了的时候，因为出现了边际效用的递减。一直爱，一直爱，情到浓时情转了薄，结果就会使两性关系出现问题，可能会导致爱情或者婚姻收尾于各自飘落在天涯。本章正是从经济学的角度来分析为什么男人会爱得累了，累得不想爱了，爱情为什么慢慢地就不见了，当然对于女人也是如此。

第三章 各出四块五毛钱，我们结婚吧！

有人嘲笑经济学家说："只要教会一只鹦鹉成本与收益，那么它也能成为一个经济学家。"这个笑话虽然讽刺了经济学家，但是也说明了"成本与收益"的重要性。人们做任何事情都要经过考虑，而哪怕是多么欠考虑的人也会首先考虑做一件事情之前该付出的成本与所能得到的收益。婚姻是人生的头等大事之一，当然得考虑一下成本与收益了。但是大多数人都不会真正地计算婚姻的成本与收益。结婚的成本说高也不高，结婚证一共9块钱，可是很多人却因为结婚的成本高而结不起婚。那么结婚的成本到底有哪些呢？收益又何在？本章正是从经济学的角度来分析婚姻的各种成本，好让读者能够更清楚地认识到自己在婚姻中的得与失。

第四章　结婚了吧，傻冒了吧，以后赚钱两个人花

　　结婚不是一个人的事，这大家都知道，但是结婚也绝对不仅仅是两个人的事。"结婚了吧，傻冒了吧，以后赚钱两个人花"是真的，但是婚姻不仅是男女双方的事，还是男女双方家庭的事。因为女方是男方家里的儿媳妇，男方则是女方家的女婿，是"半子"，有着剪不断也不能剪，理还乱也得理的关系。婚姻对婚姻关系中的双方、家庭以及工作都有着很大的关系，所以结婚一定要多方考虑，结了婚更得好好经营。本章正是从经济的角度，从比较优势、效率与公平和外部性等等方面来解释婚姻的！

第五章　男人觉得娶媳妇太贵，女人不管嫁谁都觉得吃亏

　　大概还是 10 年前的时候，香港歌手陈小春有一首歌叫《没那种命》，其副歌部分唱出了许多失败男人的心声："爱情这东西没道理的，有人很抢手有人没资格……我那么平凡我开不了口，心里面晓得追她的结果，幸运的不是我，只怪

爱人太少了对手太好了劝自己别傻了，以前甭提了以后非加油不可，我没那种命呀轮也轮不到我，爱情老是缺货我争什么，时间越来越少了越来越老了我剩下一个梦。"男人总是觉得娶媳妇太贵，而女人则总是觉得不管嫁谁都吃亏。男人总是想要娶个漂亮又聪慧的女子，而女人总想嫁一个帅气多金又爱自己比爱他妈还深的男子。可事实总是不如人意，为什么会这样呢？也许是因为市场交易规律的原则，也许是因为消费者偏好在作怪，还可能是因为竞争市场的不完全。想要释疑解惑，就看这一章吧！

第六章　"我真没想到你竟然是这样的人！"

不管是有才的、没才的都认为自己有才，不管是有貌的、没貌的都认为自己有貌。郎才女貌似乎是亘古不变的择偶标准，或者是匹配准则。可是不论才郎还是貌女，在很久之后都会被对方发现"不过如此"，当初横生的爱意，如今顿消，开始互相指责，互相不满，动辄以"你看你，不如人家某某某"等等。事实是如此吗？你的某某某果真不如人家的某某某吗？也许对方也在认为 TA 的某某某不如你的某某某呢？这到底是什么原因造成的呢？经济学家告诉我们，这是因为信息不对称，是因为信息失真，信息不完全。想要知道具体的原委吗？你一定会想知道，那么请看本章！

第七章　结婚前没你不能活，结婚后有你活不了

人生就是一场博弈，与天斗，与地斗，与人斗，其实就是一场"天、地、人的博弈三部曲，各有不同，又同时进行。而婚姻也是如此，婚姻也是两个人的博弈过程。男女双方一旦进入围城，就会成为围城中的两只困兽，一直斗个不停。有的人在争斗中越斗越勇，而有的人则在婚姻争斗中败下阵来，输了爱情，丢了婚姻。总之，婚姻是一个博弈的过程，但并不是所有的人都知道如何进行，所以，如果你想知道应该如何博弈，在本章中可以找到满意的答案。

第八章 最理想的老公是"奥特曼在银行下象棋"

婚姻不是面包，但需要面包，还需要牛奶、汽车和洋房，而天上从来不会掉馅饼。那么，如果想要获得面包、牛奶、汽车与洋房的话，就不仅要工作，还要理财。理财是在21纪生活的人必须要学会的一样生存技能。很多人也许认为自己会理财，不就是管钱吗？谁还不会，存在银行里就好了。事实并非如此，钱存在银行里不一定保险，有可能缩水，而拿去投资又不知道如何投是好，而且两个人理财能力不同，也需要共同指定一个人来理财，而理财的人需要承担责任等等一系列问题在等着两个人。本章就是从投资、消费等等方面来告诉读者应该如何处理家庭财务问题的，所以如果你想更有条理地处理家庭财务问题，就请往下看吧！

第九章 历史证明，男人只相信家犬、现钞和老妻

婚姻是一种资源，一种特殊的共创共享的资源。如何共同创造婚姻的价值，共同享用其使用价值，维持好婚姻，维护好双方的利益则是一个重要的问题。在婚姻生活中，两个人都要遵守一定的规则，共同将婚姻这个蛋糕做大，合理分配婚姻这一资源，使婚姻呈现一种双赢的长期利益增长方式。如何将蛋糕做大，如何公平地分配，便是本章所要告诉读者的问题。

第一章　理性让我们患上"婚姻恐惧症"

　　有人说爱情可以是感性的，但是婚姻必须要理性。所谓"感性"是指"感情用事"，一切从感情出发，而不是理性思考，而"理性"则是指"理智冷静"，一切从理智出发，而不考虑感情。然而这句话是经不起推敲的，无论爱情还是婚姻都是需要感情，更是需要理性的。感性如火，虽然热烈，但也倏忽；理性如星，虽然微弱，但却恒久。想要维持持久的关系，离不开感情，但是更离不开理性。所以说，每一个人都需要成为经济学中的"理性人"，用理性来指引自己的爱情、婚姻，用理性的态度来对待两性生活中遇到的所有问题。但是物极必反，如果太理性了，也许就不想结婚了，所以既要理性，又不要太理性，拿捏好尺度，才能成为成功驾驭婚姻这辆马车的高手。本章就是从理性人的角度来分析探讨人们应该如何正确地对待婚姻的！

1. 考虑太多，就不想结婚了
——理性人假设

> 为什么有的男人一说"让我考虑考虑"就可能会不跟女人结婚了呢？

　　常听人说，想得太多，婚就结不成了。还有很多人说，恋爱要感性浪漫，结婚要理性现实。为什么这些人如此"世故"？理性地看待婚姻，究竟是对爱情的亵渎还是对自己、爱人负责？要回答这个问题，我们需要先弄明白一个经济学名词：理性人。

　　理性人，也称为"经济人"。假设是经济学存在的基础，更是经济学理论中最重要的原理。理性人是指"无论人们是自私的、利他的、忠诚的、恶意的甚至是受虐狂的，他们的目的都会使他们所设想的利益最大化，他们的行为是前瞻的，而且在时间上也是始终如一的，特别是他们会尽其所能试图预期其行为的不确定后果"。简单地说，经济学家假设所有的人在面对稀缺资源时是理性的，能够对资源进行合理的配置和使用，最大程度地满足自己，使自己能够得到更大化的幸福。

　　很明显的，婚姻的目的也是如此，人们结婚与否也是基于这一最基本又现实的出发点。也许会有人认为自己结婚是因为爱情，而不是为了得到什么益处，不是为了最大程度地满足自己。但是没有任何人敢否认结婚的目的不是为了得到幸福。而幸福的第一要义则是自己能够得到满足。**所有因为爱情而结婚的人都是因为两个人之间的爱情使两个人都感觉一起生活要比单独过要好得多，换言之，也就是理性人所认为的能够"最大程度地满足自己，使自己能够得到更大化的幸福"。**

1992 年的诺贝尔经济学奖获得者贝克尔说："当结婚的预期效用超过继续单身的预期效用或再找一个更为合适的配偶的预期效用时，就会决定结婚。"经济学认为，人们做任何事情都是为了使自己的受益最大化，而婚姻也是如此。如果一个人预期自己的结婚能够使"两个人更好"，那么他就会选择结婚。但是如果他认为结婚会使自己付出的成本大于收益，根本没有回报，也就是说，投入要大于产出，那么他就会选择单身，而不是结婚。

把"理性人假设"运用到极致的，是著名哲学家尼采。1882 年夏天，尼采通过他的朋友玛毕达·莫森布和保罗·雷埃认识了出生于俄罗斯的女作家路·莎乐美。尼采和莎乐美在图林根共同度过了一个愉快的夏天。尔后，他发现自己深深地爱上了莎乐美，在保罗·雷埃的协助下他开始追求她。莎乐美的态度很暧昧，没有表示反对，但是也没有答应。而当尼采向她求婚时，却遭到了莎乐美的拒绝，再次求婚还是未果，后来两人的关系最终破裂。在失恋的痛苦打击下，原本就多灾多病的尼采旧病复发，数度萌发自杀的念头，之后他躲到了意大利的利古里亚，在那里他写下了他的伟大著作《查拉图斯特拉如是说》的一部分。

在此之后，尼采对婚姻进行了许多思考，比如在他写于 1889 年的《偶像的黄昏》中对婚姻持如下观点：现代婚姻显然丧失了一切理性。人们不在"爱情"的基础上建立婚姻，而是把它建立在性冲动、财产冲动和统治冲动的基础上，现代婚姻已经丧失其意义，所以人们废除它。最后，尼采选择与"理性"相伴，终生未婚，孤独终老。

尼采的选择到底是对还是不对呢？对此很多人有不同的看法。百余年来，两派争持不下。倾向于结婚的人会认为尼采的言论是无稽之谈，而倾向于独身的人则将其观点奉为圭臬。

印度有一位哲学家，饱读经书，富有才情，很多女人迷恋他。一天，一个女子来敲他的门，说："让我做你的妻子吧！错过我，你将再也找不到比我更爱你的女人了！"哲学家虽然也很喜欢她，却回答说："让我考虑考虑！"哲学家禀持研究学问的一贯精神，认真、全面地分析了一下结婚与不结婚的好坏。但是他没有得出一个满意的结论，陷入了长期的苦恼之中，最后终于做出了决定：该答应那个女人的央求。哲学家来到女人的家中，问女人的父亲："你的女儿呢？请你告诉她，我考虑清楚了，我决定娶她为妻！"女人的父亲冷漠地回答："你来晚了10年，我女儿现在已经是3个孩子的妈了！"哲学家听后几乎要崩溃。他没想到自己竟然考虑得太久了，结果两年后，抑郁而终。

结婚不结婚的确是个复杂的问题，到底要不要结婚呢？如果你是一个理性人，不妨从经济学的角度来考虑一下，便有位达人给出了简单而又有效的解决方法：只要预想一下自己结婚前后生活的变化，自己所放弃的（即付出的成本）是不是能够使自己得到更多（即得到的收益）。考虑好了之后，就做出决定，如果要结婚就抓紧行动，开始第一步——寻找适合自己的买家。而如果不结婚，就去做自由自在、潇洒快乐的单身贵族。但是一定要记住，千万不要因为看到别人成双成对，自己形单影只而随便去找个人结婚，更不要因此而感伤，因为这都是要付出成本的，都是不理性的行为！

理性人假设

　　"理性人"假设是指作为经济决策的主体都是充满理智的，既不会感情用事，也不会盲从，而是精于判断和计算，其行为是理性的。在经济活动中，主体所追求的唯一目标是自身经济利益的最优化，如消费者追求的是满足程度的最大化，生产者追求的是利润最大化。西方经济学家指出，所谓的"理性人"假设是对在经济社会中从事经济活动的所有人的基本特征的一个一般性的抽象。"理性人"的基本特征就是：每一个从事经济活动的人都是利己的。也可以说，每一个从事经济活动的人所采取的经济行为都是力图以自己的最小经济代价去获得自己的最大经济利益。在任何经济活动中，只有这样的人才是"合乎理性的人"，否则，就是非理性的人。

2. 独身还是结婚，纠结，纠结
——结婚的成本与收益

> 　　为什么有人选择"寂寞的时候有个伴，日子再忙也有人一起吃早餐"，而有人则宁可"一人吃饱，全家不饿"？

　　根据"理性人假设"可以得知，每个人都是理性的人，在做任何事情之前都要考虑一下自己所做的事情的最终结果是否对自己有利。我们知道，无论做什么事情都是要付出成本的，结婚也是如此。结婚首先要有一定的资本，其次还是要将这些资本作为成本来付出，才能得到婚姻。因此，独身还是结婚往往并不是个人的观念问题，而是经济问题，也就是成本的考虑问题。

所谓成本，是指企业或个人为了生产商品或提供劳务等所耗费的物的资源总和。而收益，简单地说，就是指人们所进行的投资——成本付出——所获得的回报。通常情况下，人们的收益分为三种：（1）精神收益，精神上获得的满足；（2）实际收益，物质财富的增加；（3）货币收益，增加资产的货币价值。在上述三种不同形态的收益中，既有可以计量的，也有不可计量的。其中，精神收益因主观性太强而无法计量，货币收益则因不考虑币值变化的静态概念而容易计量。

根据人们都是理性的这一经济学假设，人人都希望获得的收益大于成本，由此来看，婚姻首先便要考虑成本与收益的问题。**结婚除了要付出一定的物质成本，如金钱、房产以及其他实质性的生活、生产物品，还要付出一些原本属于个人的资源，如时间、精力以及性资源。婚姻中主要考虑的收益则包括精神收益与实际收益。**

一位经济学博士在过了多年的单身生活之后，感到十分疲倦，打算结婚。但他又怕婚姻不如想象中的好，于是，他就按照经济学关于成本与收益的原则列了份清单。

成本付出：

第一　不能随意带女人回家。

第二　不能送朋友贵重礼物。

第三　不能自己做决定。

第四　下班后不能太晚回家或不回家。

第五　家里至少要准备两把雨伞。

第六　如果她病了你也要陪她去医院。

第七　出差外地，回家前不能忘了买礼物。

收益回报：

第一　两个人贷款供房。

第二　两个人赚钱养家。

第三　遇事有人商量。

第四　下班回家有人做晚餐。

第五　下雨天有人送雨伞。

第六　病了有人陪着去医院。

第七　出差在外地，有人在家照看。

通过一系列的对比，他发现结婚的成本与收益是对等的，既不赔也不赚。他厌倦了一直以来的生活，就决定去找个女人结婚，过一种新的生活。于是开始寻找结婚的对象，在又付出了一些成本之后，找到了一个合适的对象，之后就结婚了。他以为这样完全就不用再付出什么了，只要按照自己计算的做就可以了。孰料结婚第三天，就出状况了。两人因为一件小事吵了起来，他一生气推了她一下，结果她却捶了他的胸无数下，还又哭又闹的。博士费了很大的劲才把她哄好。可是事情并没有结束，接下来的一段时间里，他都无法集中精力做事情。他发现原来自己错了：他在计算婚姻的成本与收益时，没有把感情计算进去，因为感情是无法量化的。本来他打算离婚的，但是转念一想，自己已经付出了这么多的成本了，至少要等到收益平衡了再说。然而几十年过去了，他也不知道收益平衡了没有。在这一段时间内，他已经是两个孩子的父亲了，事业上也是硕果累累，著作等身，成为著名的经济学家。

由此可见，婚姻的所有成本以及带来的收益是很难计算的，但并不是无法进行计算，至少有一些成本是可以衡量的，并且能够对人们是否选择结婚的决定起着重要的作用。婚姻的主要成本表现在以下几个方面：

（一）**青春成本**。只要一结婚，就意味着告别单身时代所拥有的一切。最明显的机会成本是失去爱上他人的机会，不管后来遇到的人多让自己心动，多呵护，多体贴，都没有任何理由再改变。

（二）**道德成本**。婚姻是有道德价值的，负载了许多的亲情和义务。婚姻在形式上是两情相悦的个人行为，但在本质上却是一种社会行为，要接受社会道德标尺的丈量。要对许多人负一定的责任，不仅是对结婚对象，还要对其亲人、朋友负责。

（三）**经济成本**。因为结婚前后必定要增加一些开支，比如举行婚礼、购房、购车，这都是需要两个人支付的。而如果一个人，至少不会为了举行婚礼而支出。所以，结婚是要付出经济成本的。

（四）**自由成本**。得到幸福家庭的同时，必须放弃很多自由的选择，包括与异性的亲密交往，与狐朋狗友的呼杯唤盏、吆五喝六……另外，选择婚姻必须放弃一部分的个人爱好和兴趣。结婚前你有大把的时间无法消磨，结婚后天天是柴米油盐酱醋茶，为家忙，为老婆、孩子忙，牺牲许多与朋友聚会、放飞个人爱好的时间。

（五）**事业上的成本**。如果你事业成功，再找个温柔体贴的妻子，可能是锦上添花，但也可能一不小心被婚姻拖垮你的事业，或者驮着生活的重负，让你停止了追逐事业的脚步。

（六）**情感成本**。情感的付出更是无价的，你真心的付出也许是婚姻的凝固剂，婚后生活的润滑剂，但也可能让你的心流血呻吟。

结婚的成本是要以今后的生活作为回报的。付出这么多代价，能否获得期望的回报，这在选择婚姻时是一个未知数。因此婚姻带有一定程度的博彩色彩，并不是所有人的付出都会得到自己期望的回报。如果一个人在结婚之前认为，结婚的成本太高，会得不偿失，就会选择单身生活。而相反的，则会选择结婚。

当然这只是从经济学的角度来分析，因为结婚还有其他一些社会、生理以及心理上的原因。婚姻是一种特殊的成本与收益问题。它对双方来说都是一种成本的付出，也都是一种收益的获得者。两个人对成本投入的回报期望值也不同。但是，如果在结婚前，把成本弄清楚也是一种很理智的行为，至少不会草率地做出结婚或者不婚的决定。

结婚不结婚这的确是一个重要的问题：对很多人来说结婚是早晚的问题；对有些人来说结婚是可有可无的问题；而对另一些人来说，结婚是完全没有必要的问题。但不论对于何人，在做出决定之前对婚姻的成本与收益进行一下考虑再做决定才是最为理性的。

▶ 亚当·斯密

亚当·斯密（1723～1790）是经济学的鼻祖，著有《国富论》和《道德情操论》，提出了"看不见的手"、绝对优势等著名经济学理论。亚当·斯密为了写这两本著作花费了30多年的时间，根本无暇其他，所以他一生未婚，也许这就是他为此而付出的成本之一吧。

3. 结婚能够使男女双方都受益
——贸易理论

> 男人需要女人，还是女人需要男人，抑或互相需要？

人们为什么要结婚？一个最简单的原因可以解释一切：男人需要女人，女人需要男人。也许有人认为，很多单身的人是不需要异性的。但是很多人单身并不是他们不需要男人/女人，实际上这些人对异性的需求并不比任何人差。女作家棉棉说："现在我不需要男人了……这或许跟我失败的婚姻有关，但更重要的是，到了这个年纪，对各种男人已经了解得差不多，没有什么兴趣了，而自己喜欢的男人还一直没有出现。"她说的话简直是自相矛盾：不是不需要男人，而是"自己喜欢的男人"，也就是她需要的男人"还一直没有出现"。而结婚不到两年就离婚的台湾歌手罗大佑则说："有人问我最愿意别人称呼我为男人、音乐人、艺术家还是歌手？我当然选择男人。我是男人，我需要女人，需要爱情，需要肉体的满足和沟通。男人永远需要女人，女人永远需要男人，这是永远不变的真理。"

男人与女人的相互需要除了生理上的两性性别差异之外，还在于男女因为生理的不同而产生的情感上的需求不同。生理上的差异十分简单，不必赘述。而婚姻并不仅仅是提供这种供需，从长期来看，更为重要的是其他方面的需求。

从上文我们可以得知，婚姻双方的收益为：精神收益与实际收益。先从精神收益上来说，男女所需要的以及所能提供的不同。两性研究专家认为：男人和女人有不同的情感需求，男人和女人都有6种基本的爱情需求。通常，男人需要的情感包括：信任、接受、感激、赞美、认可、鼓励；而女人需要的情感则是：关心、理解、尊重、忠诚、体贴、安慰。一般来说，男人是偏于理性的，而女人是偏于感性的。而男人的6大情感需求——信任、接受、感激、赞美、认可、鼓励——则无一例外是感性者才能给予的，所以女性在提供这些情感上是有绝对优势的。同样，女人的6大情感需求——关心、理解、尊重、忠诚、体贴、安慰——则也无一例外是由理性者才能给予的，所以男人在提供这些情感上是有绝对优势的。

所谓"绝对优势"是指一个生产者能够用比另一个生产者更少的投入生产某种物品的能力。比如说，纺织工人生产布匹绝对要比钢铁工人生产布匹更快、更好、更多，而钢铁工人生产钢铁也绝对比纺织工人生产钢铁更快、更好、更多。他们对于彼此来说都存在着对方不可取代的"绝对优势"，所以才有了社会分工。但同时，钢铁工人需要纺织工人生产的产品——布匹，纺织工人需要钢铁工作生产的钢铁，因为有了供给与需求，所以就出现了贸易。正如经济学的鼻祖亚当·斯密所说："如果购买一件东西所付出的代价比在家里生产所付出的代价小，就永远不要在家里生产，这是每一个精明的家长都知道的格言。裁缝不想制作他自己的鞋子，而向鞋匠购买。鞋匠不想缝制他自己的衣服，而雇裁缝缝制。农民不想缝衣，也不想制鞋，而宁愿雇用那些不同的工匠去做。他们都知道，为了他们自身的利益，应当把他们的全部精力集中使用到比其他人有优势的方面，而以其劳动生产物的一部分或者说是一部分的价格，购买他们所需要的其他任何物品。"

可见，从情感的需求上来说，男女双方存在一种不可避免的互相需求关系。男人在提供女人的需求上有绝对优势，而女人在提供男人的需求上也有绝对优势，所以便有了结婚的需求。从经济学上来讲，男女双方的互为供给与需求，可以说是一种对彼此都有利的贸易行为。

所谓"贸易"，是指自愿地进行物品或服务的交换，也称为商品交易。贸易出现的原因也是资源的稀缺，以及交易双方的需求，正如亚当·斯密所说的"为了他们自身的利益，应当把他们的全部精力集中使用到比其他人有优势的方面，而以其劳动生产物的一部分或者说是一部分的价格，购买他们所需要的其他任何物品"。

众所周知，对于同样一件事情，不同的经济学家的观点有时往往是相反。但是所有的经济学家都认同一个观点：贸易能够使彼此的情况变得更好。因为贸易是以最小的成本来获得最大的收益，是一种不仅利己、也利他的行为。男女双方在情感上不同的需求与绝对优势便决定了贸易存在的必要性与合理性，即婚姻存在的必要性与合理性。

从经济学上来说，人们的需求往往是人们付出成本之后得到的收益。婚姻并不是只由情感需求决定的；如前所述，男女双方的需求除了生理需求、情感需求之外，还有一种十分重要的需求，即实际收益。结婚是需要实际收益的，需要"物质财富的增加"。

心理学家马斯洛认为，人的需求是分层次的。人一般有如下5种金字塔式的需求：生理需求、安全需求、社交需求、尊重需求和自我实现需求。

男女双方进行贸易——结婚——之后，在通常情况下，两个人在一起的物质条件肯定要比一个人好得多，至少电视可以少买一台，床可以少买一张，锅也可以少用一口。其他方面也会得到改善，所以结婚能够使双方都受益，因此人们才会选择结婚而不是单身。

当然，有些人并不认同婚姻，比如两度奥斯卡影后朱迪·福斯特，她未婚却育有二子，也没有人知道孩子的父亲是谁。朱迪说："我只是不需要男人。"她能够满足自己所需要的一切，而且没有情感的需求，所以才会不需要男人，不结婚。但是对于普通人来说，无论基于情感需求，还是实际需求，或者二者兼而有之，都是需要结婚的，而结婚也是唯一一种能够满足人的这两大需求，并且能够使双方都受益的一种特殊的市场交易行为。

▶ 马斯洛需求层次理论

（1）生理上的需求。

人类维持自身生存的最基本要求，包括饥、渴、衣、住、性的方面的要求。

（2）安全上的需求。

人类要求保障自身安全，摆脱事业和丧失财产威胁，避免职业病的侵袭、接触严酷的监督等方面的需要。

（3）感情上的需求。

这一层次的需要包括两个方面的内容。一是爱的需要，即人人都需要融洽的关系或友谊；人人都希望得到爱情，渴望接受别人的爱。二是归属的需要，即人都有一种归属于一个群体的感情，希望成为群体中的一员，并相互关心和照顾。

（4）尊重的需求。

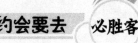
人人都希望自己有稳定的社会地位，要求个人的能力和成就得到社会的承认。尊重的需求一旦得到满足，能使人对自己充满信心，对社会满腔热情，体验到自己活着的用处和价值。

（5）自我实现的需求。

这是最高层次的需要，它是指实现个人理想、抱负，发挥个人的能力到最大程度，完成与自己的能力相称的一切事情的需要。自我实现的需要在于努力实现自己的潜力，使自己越来越成为自己所期望的人物。

4. 不停寻找，却找不到那颗最大的"麦穗"
——有限理性

> 宁缺毋滥就能找到最合适的结婚对象吗？

诺贝尔文学奖得主萧伯纳说："此时此刻在地球上，约有两万个人适合做你的人生伴侣，就看你先遇到哪一个。如果在第二个伴侣出现之前，你已经跟前一个人发展出相知相惜、互相信赖的深层关系，那后者就会变成你的好朋友；但是若你跟前一个人没有培养出深层关系，感情就容易动摇、变心，直到你与这些理想伴侣候选人的其中一位拥有稳固的深情，才是幸福的开始，漂泊的结束。"

很多人认为他说的十分有理，但仔细一想便会发现，萧伯纳绝对是在红口白牙说胡话，因为没有一个人可能认识两万个人，也就得不出此结论。一个人能够遇到 10 个适合做你人生伴侣的人已经非常难能可贵了，而就是这 10 个人也并不都能在你适婚且未婚时出现。所以，香港著名女作家李碧华才说："有些人郁郁不得志，空有旷世才华，也寂寂而死；有些人终其一生，遇不上一个叫他心神颤动的人，也寂寂而死。"根据"理性人假设"，每个人都希望能够找到最适合自己的理想伴侣，也就是说，每个人都希望能够以最小的成本获得最大的收益。虽然人人都认为自己能够找到最适合自己的那杯茶，但现实并非如此，至少有一半的人终其一生也找不到最合适的结婚对象。正如社会调查机构的调查结果显示，很多人因为抱着宁缺毋滥的心理来寻找结婚对象而在不知不觉中成为了"剩男"、"剩女"。这种做法到底是理性的，还是不理性的呢？

经济学发展到 20 世纪 40 年代，有人对"理性人假设"提出了质疑。他们认为，由于各种条件的限制，现实生活中的人是"有限理性"的，也就是说介于完全理性与非理性之间。1978 年的诺贝尔奖得主吉伯特·西蒙指出：在不确定的情况下，人们由于无法准确地认识和预测未来，从而无法按照结果理性的方式采取行动，只能依靠最大化的理性思维来减少不确定性。

有一个"草中寻针"的故事最能说明这个道理：假如农夫面对一个干草堆，需要从草中寻找到一根针来缝补衣服丢掉的纽扣。按照完全理性的原则，找到的针应该是最细的。为达此目的，他必须要把草堆找遍，把所有找到的针都对比一下才行。但是很显然这是费力不讨好的事。实际上，农夫根本用不着这样做，他只要能找到可以穿过纽扣的扣眼的针即可，也就是说，只要找到满意的有限细的针即可，而不是"最优化"。西蒙认为，人们在做出决策时所拥有的信息往往是有限的，在这种情况下最优化决策的实现是不可能的，所以应该寻找一个可以接受、但不一定是最优的方案。

"有限理性"在寻找结婚对象时也起着很大的作用。每个人都在寻找自己最合适、最理想的人生伴侣，但绝不是所有的人都能如愿。正如下面一则寓言所揭示的道理：

有一天，柏拉图问他的老师苏格拉底什么是爱情。苏格拉底让他先到麦田里摘一颗最大的麦穗，条件是：只能摘一次，且只可以向前走，不能回头。柏拉图照着老师的话做了。结果，他两手空空地走出麦田。苏格拉底问他为什么摘不到，他说："因为只能摘一次，又不能走回头路，即使见到一棵又大又金黄的，因为不知前面是否有更好的，所以没有摘；走到前面时，又发觉总不及之前见到的好，原来麦田里最大最金黄的麦穗，早就错过了；于是，我便什么也摘不到。"苏格拉底说："这就是爱情。"

之后又有一天，柏拉图问苏格拉底婚姻是什么。苏格拉底让他到树林里砍下一棵全树林最大、最茂盛、最适合放在家作圣诞树的树。条件同样是：只能砍一次，只可以向前走，不能回头。柏拉图于是照着老师的话去做。结果他带回了一棵普普通通、不是很茂盛、但也不算太差的树回来。苏格拉底问他，怎么带这样一棵普通的树回来？他说："有了上一次的经验，当我走到大半路程还两手空空时，看到这棵树也不太差，便砍下来，免得错过了后，最后又什么也带不出来。"苏格拉底说："这就是婚姻。"

柏拉图砍到的树不是"最大、最茂盛、最适合"的，可见他并不是完全理性的。婚姻也是如此，不可能找到最好的结婚对象，而只能找到相对合适的，有限合适的，因为人的理性是有限的。徐志摩有诗云："我将于茫茫人海之中，寻找我灵魂之唯一知己。得之我

幸,不得我命。"众多"剩男剩女"将此奉为经典信条,不是在相亲,就是在相亲的路上,但是却一直没有摆脱单身。很多人相信自己能找到最合适的,就一直游走于婚姻市场中,孰不知在"红了樱桃,绿了芭蕉"的时间消逝中,蹉跎了岁月,失去了容颜,竞争力与日俱减,最后成为了"斗战剩佛"。

全球近70亿的人口中,肯定有一个人最适合做你的伴侣,但是因为生命的短暂,各种现实环境的限制等等,决定了并不是所有的人都能够找到那个最合适自己的"麦穗"。如果人人都坚持寻找最合适的,人类早就灭亡了。所以说,婚姻虽然需要理性,但是也不能过于理性,因为过于理性会使人不敢行动。(实际上,过于理性也可以说是一种不理性的行为。)而且两个人到底合适不合适并不是在结婚之前就能得知的,还需要婚姻生活的现实检验。

经济学中的"有限理性"很多时候会使人们做出错误的决定,但是在婚姻中的"有限理性"却使人们能够做出有利于自己的决定,至少,很多人找到了令自己满意的、虽然并不是最大、最饱满的那颗麦穗。

▶ 有限理性ˊ

有限理性就是人的行为"既是有意识地理性的,但这种理性又是有限的"。一因环境是复杂的,在非个人的交换形式中,人们面临的是一个复杂的、不确定的世界,而且交易越多,不确定性就越大,信息也就越不完全;二因人对环境的计算能力和认识能力是有限的,人不可能无所不知。

5. 不是每个 "凤姐" 都能变成 "王熙凤"
——成本决策

"有情"真的"饮水饱"吗？攀龙附凤需要什么条件？

前不久，互联网上又爆出一个网络红人，其窜红速度与红火程度不亚于当年的芙蓉姐姐。因其芳名罗××，因名着一凤字，故好事之网友美其名曰：凤姐。"凤姐"于1985年出生于某市綦江县赶水镇，身高146cm，体重40kg，毕业于某地教育学院专科，自称琴棋诗画无所不通，尤擅古汉语，9岁起博览群书，年20达到顶峰。自认智商前300年无出其右者，后300年亦难有超越者。现主要研读经济类与人文社科类书籍，比如《知音》与《故事会》等。"凤姐"现就职于上海某家超市，月入不足千元，征婚已有些时日，并于某月某日在江苏卫视《人间》节目中重申其择偶标准：

本人找伴侣，一不求帅，二不求富，但求同甘苦，共患难。

本人对伴侣要求如下：

第一　必须为北京大学或清华大学硕士毕业生。必须本科、硕士连读，中途无跳级，不留级，不转校。在外参加工作后再回校读书者免。

第二　必须为经济学专业毕业。非经济学专业毕业则必须精通经济学，或对经济学有浓厚的兴趣。

第三　必须具备国际视野，但是无长期定居国外甚至移民的打算。

第四　身高1米76到1米83。长得帅的比较好一些。

第五　无生育史。过往所有女友均无因自身而致的堕胎史。

第六　东部沿海户籍，即江、浙、沪三地户籍或广东、天津、山东、北京等。东北三省和内蒙古等地户籍，西南地区即重庆、贵州、云南、西藏和湖南、湖北等地籍贯者不予考虑。

第七　年龄25至28岁。即06届、07届、08届、09届毕业生。有1～2年的工作经验，06届毕业生需年龄在28岁左右，09届毕业生则需聪明过人，且具备丰富的社会实践经验。就职于国家机关、国有企事业单位者不愿考虑。但就职于中石油、中石化等世界顶尖型企业或银行者又比较喜欢。现自主创业者要商榷一番了。

　　节目播出之后，"凤姐"的风头一时无两，迅速红遍网络，关于她的热帖短短数日内便逾20万。几乎所有的人，包括凤姐的至交好友，都劝其清醒一点，认清自己的情况，掂量一下自己的斤两，找一个与自己条件相当的人早日结束单身生活，而不是做着不可能实现的白日梦。

　　都说"女大十八变"，丑小鸭能变成白天鹅，但前提是丑小鸭本来就是一只天鹅，不是一只丑小鸭。真正的丑小鸭长大之后只能变成"丑大鸭"。俗话说："鱼找鱼、虾找虾，乌龟就找癞蛤蟆。"一个人有多高的水平，就能够吸引到多高水平的人。

　　从经济学的角度来说，人们投入成本的目的是赚取利润，只有在收益高于成本时，理性人才会选择投产。**婚姻既然可以算作一种**

特殊的市场交易行为，所以也是如此。无论一个生产者如何善于经营，能够赚取多高的利润，他在进行投产之前一定都会进行"成本决策"的分析。

　　所谓"成本决策"是指依据掌握的各种决策成本及相关的数据，对各种备选方案进行分析比较，从中选出最佳方案的过程。成本决策以成本预测为基础，是成本管理中不可缺少的一项重要职能，它对于正确地制定成本计划，促使企业降低成本，提高经济效益都具有十分重要的意义。既然婚姻是一种市场行为，那么每个人在进入这个市场的时候，都会考虑一下自己所持有的成本，然后做出最理性的决策，以最小的投入来获得最大的产出。

　　我们先来看一下凤姐的成本：身高 146cm，体重 40kg，相貌根据网络上的视频、照片得知，属于中人以下资质，毕业于某市教育学院专科，现主要研读经济类与人文社科类书籍，比如《知音》与《故事会》等，现就职于上海某家超市，月入不足千元。根据她的自身成本可以看出，完全是一个属于中下水平的人，无论相貌，还是个人能力都处于劣势。但是她的择偶条件却是如此之高，高到据好事之徒估计，全国满足条件的也不足百人。

　　罗××研读《知音》、《故事会》等经济类杂志之后懂得的一个经济学道理是：我是理性的人，我要以最小的成本付出来获得最大的收益。所以她才会以如此差的条件提出如此高的征婚要求。但是她没有想到的是，经济学并没有规定只有她一个人是"理性"的，而是"每个人"。那些她愿意"下嫁"的毕业于北大、清华的经济学硕士研究生们则是更理性的人，他们更会在择偶前进行一下成本决策的分析，更会考虑以自身的既定成本来获得最大的婚姻收益。很显然，这种收益是她没有能力给予的。

不论人是理性的，还是有限理性的，在选择婚姻时，一定要考虑一下自身成本，不要幻想"乌鸦嫁给凤凰"。因为乌鸦是乌鸦，凤凰是凤凰，根本不是同类。即便勉强乌鸦嫁了凤凰，也会因为价值观念上的很大的差异而导致婚姻的不协调，乃至不幸福。如果这样，婚姻的收益反而真的是低于成本了。

成本决策

　　成本决策是指用决策理论，根据成本预测及有关成本资料，运用定性与定量的方法，抉择最佳成本方案的过程。成本决策可分为宏观成本决策和微观成本决策。它贯穿于整个生产经营过程，涉及面广，因此，在每个环节都应选择最优的成本决策方案，才能达到总体的最优。

6. 婚姻到底利己还是利他
——一只看不见的手

> 结婚到底是男方占便宜，还是女方得好处？

　　虽然婚姻的实质是相同的，但是每个人想从婚姻中得到的东西却是不尽相同的。有一个姑娘在找对象的时候，很想嫁一户有权有势的人家。恰好有人为她介绍了一个大城市的官宦子弟，于是她就欣然答应并且开始了交往。在交往的过程中，她付出过很多委屈和让步，因为他的坏脾气，还挨过好几次打，但是她都忍下来并且结婚了。选择这种婚姻的最显著的好处是，她从小县城调进了大城市，并有了一份令很多同龄人羡慕的工作。而付出的代价是：从此身上添了很多的伤痕和肿痛，结婚后丈夫对她的态度更是变本加厉地坏。但是当大家义愤填膺地劝她离婚时，她却说我要的是他家的社会地位和社会关系，这些东西不但对我现在的生活有很多的帮助，对我今后的发展会有更多的帮助。有所得就要有所失，我要享受婚姻带来的好处，就要忍受我很理性选择的不理性的丈夫。为了得到物质条件而付出这些代价，完全是为了自己而不是他人。

婚姻是双方的关系，但是任何一方都是因为自己想要得到一定的益处而选择婚姻。所以有人认为，婚姻其实是一种更为自私的行为，是一种纯粹的利己行为。但是也有很多人认为婚姻是利他的。如果婚姻不利他，根本就无法维持下去。那么婚姻到底是利己还是利他的呢？

亚当·斯密在《国富论》中说："当每一个人企图尽可能地使用他的资本去支持本国工业，从而引导那种工业使它的产品可能有最大的价值时，每一个人必然要为使社会的每年收入尽可能大而劳动。的确，他一般既无心要去促进公共利益，也不知道他对之正在促进多少。他宁愿支持本国工业而不支持外国工业，只是想要确保他自己的安全；他指导这种工业去使其产品能具有最大的价值，只是为了他自己的利益，也像在许多其他场合一样，他这样做只是为了他自己的利益，也像在许多其他场合一样，他这样做只是被一只看不见的手引导着，去促进一个并不是出自他本心的目的。"

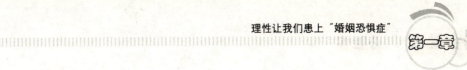

　　亚当·斯密认为人是自私的，人们做所有的事情都是为了使自己的境况变得更好，而不是改善他人的境况，一切目的都是为了利己。首先要承认人是自私的，是利己的，但是这并不是说利己是不好的。正如亚当·斯密所一再强调的："我们每天所需要的食物和饮料，不是出自屠户、酿酒家或烙面师的恩惠，而是出自他们各自的打算。"各人为了自己的利益而进行生产、贸易，没有利他的想法，但是却做出了利他的行为。

　　这正如故事开篇中的那个女性对婚姻的选择一样。她想要得到的是更好的物质条件，而对方能够提供，所以就选择了结婚。她不是因为看到这个官少爷找不到结婚的对象而去跟他结婚，没有考虑过官少爷的利益。但是她的行为却满足了官少爷的利益。而官少爷也是如此，他选择跟这个女子结婚是因为自己脾气差的名声导致其在当地很难找到愿意嫁给自己的女性。他根本没有考虑自己的家庭条件能给女方带来多好的个人发展与工作机会。他们愿意结婚都是本着利己的目的，但是却都在无形中因为他们的这一举动而出现了利他的现象。

　　婚姻就是如此，**每个人在考虑婚姻时，首先考虑的是婚姻本身能给自己带来的收益，其次就是结婚对象的条件能够给自己带来什么益处，鲜有人会考虑自己能给对方带来什么。所以说，人们都是从利己的考虑出发来选择婚姻的。但是从利己出发的婚姻，往往会产生利他的效果。**比如你本想两个人同住一套房屋会比一个人住花费少，两个人共看一台电视要比一人买一台省钱，两个人一起吃饭要比一个人吃得好还划算，根本不会去为对方着想。但是就是因为这一出于理性的、自私的意识却决定人们去选择结婚而不是单身。而正是在这种意识的作用下，人们才会去选择结婚。

亚当·斯密认为经济学领域存在着一只"看不见的手"，正是在这只手的作用下，经济才能不断地发展，社会才能有效地运行。其实在婚姻关系中也存在这样一只"看不见的手"，婚姻中的男女双方也是"为了他自己的利益，也像在许多其他场合一样，他这样做只是为了他自己的利益，也像在许多其他场合一样，他这样做只是被一只看不见的手引导着，去促进一个并不是出自他本心的目的"，而这个不是出自他本心的目的就是指利他行为——婚姻给他人带来的利益。

▶ **看不见的手**

"看不见的手"是揭示自由放任的市场经济中所存在的一个悖论，认为在每个参与者追求他或她的私利的过程中，市场体系会给所有参与者带来利益，就像有一只吉祥慈善的看不见的手，在指导着整个经济过程。

7. "女怕嫁错郎"的原因是什么
——时间偏好

你知道男人也是分期货与现货的吗？

电视剧《大过年》中的董丽娜在下乡时认识了同为北京来的知

青冯建梁，二人相恋并结婚。但是知青返乡之后，冯建梁分配的工作是在公共浴池帮人修脚，她则进了医院。董丽娜觉得冯建梁没有前途，就跟他离了婚，不久之后嫁给了同医院的一名医生。但是没想到的是，几年之后，冯建梁辞掉浴池的工作做起了买卖，后来到南方下海，几乎一夜之间暴富，成为了名副其实的钻石王老五。虽然电视剧中没有直说董丽娜后悔，但是她肯定不会想到冯建梁居然会后来居上，比医院的医生强很多，多多少少也会有些"悔不当初"吧。

诸如此类后悔又无法挽回的事虽不说比比皆是，但是也是不胜枚举。为什么会出现这种现象呢？因为在确定一项投资是否有利时，理性人要比较的不是现在的投资与未来的收益，而是现在的投资与未来收益的现值。简单的说，就是指理性人要考虑的是未来能够赚到的钱在现在值多少。因为通货膨胀与利率的不确定性，货币会在不同时期出现价值不同的现象，正如"两鸟在林，不如一鸟在手"一样，大多数人都愿意将钱拿在手里，而不是等着去抓森林里那两只不确定能否到手的鸟。

经济学中的货物交易分为两种：一是现货，一是期货。现货是指可供出货、储存和制造业使用的实物商品。现货交易通常是一手交钱一手交货的交易方式。期货是一种跨越时间的交易方式。买卖双方透过签订标准化合约，同意按指定的时间、价格与其他交易条件，交收指定数量的现货。投机者则透过期货交易承担更多风险，伺机在价格波动中牟取利润。

经济学有一个术语叫"时间偏好"。经济学家费雪认为，根据人们的时间偏好，现货要比期货值钱，因为现货是实实在在的，而期货则是不可预测的，甚至是有风险性的。而人们都是风险的规避者。比如你作为一个股民有两种选择：他可以现在就把股票抛售，会赚到3万元的净收入，而如果在半个月后抛售极有可能会赚到5万元的净收入。大多数都会做出第一种选择，因为现在抛售，3万元立即到手，而半个月后的行情谁也不敢肯定，即便极有可能，也只是可能。

婚姻同样也存在"时间偏好"的问题，因为人，尤其是男人，也有"现货"与"期货"之分。"现货男人"很容易理解，比如李世民，出身豪门，有财有势，而自己又文武双全。而"期货男人"则比如朱元璋，家穷人丑，小学文化，农村户口，有才干，有智慧。

如果摆在一个女人面前的男人是李世民与朱元璋，毫无疑问，所有的人都会选择李世民，但是"僧多粥少"，能当上长孙皇后的，能把"现货"抓在手里的只有一个。当然，也会有人相信朱元璋将来也能提供当李世民皇后一般的生活条件，但是有风险，而且风险很大，所以在"时间偏好"的影响下，很多人在得不到李世民之后，便退而求其次，去寻找介于李朱二人之间的"现货男人"。

据《新周刊》登载的《2009年中国人婚恋状况调查报告》称：41.2％的未婚女性担心自己嫁不出去，却有超过44.1％的人坚持不降低标准。也就是说，她们坚持寻找最好的现货。谁知如意之人就是迟迟不出现，最后只好真的嫁不出去了。当然大部分人还是改变了自己的观念的。因为她们退而求其次，改变了对"时间偏好"的看法，从长远出发，去选择"期货男人"。

选择"期货男人"的关键是着眼于未来的理想走势和发展方向，而不能以当下的成败论英雄。以女人选择男人为例，男人的外表和

身高不需要看得太重，学历、职位、家世也仅仅是参考，而才能、胆量、个性等才是衡量他能否在未来的某个时间一路飙升的重要指标。所以，暂时口袋空空的男人可以考虑，但脑袋空空的男人决不能考虑。真正睿智的女孩，不会只注意眼下的表象，而是花更多的时间和精力去了解男孩未来的发展潜力。

有一个女孩，在大学时代就独具慧眼，看中一个男同学并喜欢上了他。当时在学校里，几乎没有女生会喜欢这个男同学，因为他不仅其貌不扬，而且似乎没有什么长处。唯有她，发现他身上有着常人所没有的潜能：自立、勤奋，而且有股韧劲。于是，他们开始交往，她照顾他、关心他、陪伴他，后来还和他共同创业，为他放弃工作，不计一切地支持着他。

后来，她嫁给那个同学，成了他的妻子。这个女孩叫张瑛，而他的丈夫，就是马云——阿里巴巴网站总裁。

选择期货男人时不要担心对方暂时没有高收益，害怕你们今后的日子不好过。只要有目标，有能力，并且肯努力，就一定会有未来。一旦对方的才能得到充分发挥，事业就会蒸蒸日上，收入也会稳步增长。那时，两人的感情也更具沉淀感。与这样的男人生活在一起，会让人有安全感、幸福感和满足感。

虽说现在离婚很方便，也不再受一些观念的制约与束缚，但是大多数女性还是存有"女怕嫁错郎"的心理。这种心理现象的存在也是正常的，毕竟虽然女性在社会中所起的作用越来越重要，但是受生理、心理等等与生俱来的条件制约，在生存压力上还是处于相对劣势的地位，所以选择一个良好的人生伴侣更需要多加注意。

时间偏好

时间偏好是指在时间转换之间，物品的价值有所变化。现在物品与未来物品的交换是通过货币市场的交易和证券市场的买卖来实现的。在这一过程中，公众的时间偏好影响着利率的高低。在货币市场和证券市场上，公众的时间偏好决定了资本的供给，而企业家对投资机会的选择则决定了资本的需求，即利率决定于社会公众的时间偏好和企业家对投资机会选择的一致。

8. 为什么男人望优秀女性而却步
——企业文化

> 为什么中国男人看到有能力的女人却都吓跑了？

曾有两位女硕士和一位澳洲女 MBA 在上海某报刊登征婚启事，结果 3 名女子收到的应征信一共不到 10 封（普通女子的应征来信平均高于 50 封）。四川一位医学女博士张小姐在报上刊出征婚启事："本人月收入 7000 元以上，谈吐优雅，容貌端庄……"几月下来，无人应征。无奈之下，其母为她刊登征婚启事，把自己爱女的学历写成了"本科"，月收入只写 1000 块钱左右，才有人敢于应征。

通常情况下，学历越高，能力也就越强，在各种竞争中应该更具备竞争力。这对于男性的确如此，但现实的窘境是：当女人们的学历读到"硕士"、"博士"时，她们在婚姻市场中的竞争力却下降了，反而不如大专、本科学历毕业的女性了。而还有一些能力较高的女性能够独自购房，过上了比较好的生活。但是在她们寻找结婚的对象时也遇到了难题，那就是，不管自己中意或者不中意的男性，在听说自己已经购房之后，都望而却步。由此可见，有能力竟然成了婚姻市场中的竞争劣势。

而在西方国家似乎并非如此。美国建国之初出现了许多精英人才，比如华盛顿、杰弗逊、汉密尔顿、约翰·亚当斯等等。在当时想要取得一定的政治地位，没有一定的家庭背景是不行的。但是华盛顿、汉密尔顿都是出身虽不平凡，却没有显赫的背景可作为他们的政治资本。1759年华盛顿与富孀 M.D. 卡斯蒂斯结婚，获得大批奴隶和 60.75 平方千米土地，成为弗吉尼亚最大的种植园主。而汉密尔顿一直被认为是来自英属西印度群岛的私生子和无家可归的孤儿，颠沛流离地过了许多穷苦生活，虽然很有才能，也做出一些成就，但是地位仍然不高，一直只是个军人、华盛顿的副官，且一直被看作是圈外人。但是在他于 1780 年娶了来自纽约最富有并且最具政坛影响力的家族的伊丽莎白·斯凯勒后，汉密尔顿最终完成了从圈外人到圈内人的过程。1782 年汉密尔顿被选为纽约州的大陆会议议员，参与国政，后来出任美国联邦第一任财政部长。

怎么会出现如此两种截然不同的现象呢？原因很简单，用经济学的术语来说就是"企业文化"的差异。所谓企业文化是指企业在生产经营实践中所逐步形成的，为全体员工所认同并遵守的、带有本组织特点的使命、愿景、宗旨、精神、价值观和经营理念，以及这些理念在生产经营实践、管理制度、员工行为方式与企业对外形象的体现的总和。企业文化是企业的灵魂，是推动企业发展的不竭动力。它包含着非常丰富的内容，其核心是企业的精神和价值观，即企业或企业中的员工在从事商品生产与经营中所持有的价值观念。所谓价值观念，是人们基于某种功利性或道义性的追求而对人们（个人、组织）本身的存在、行为和行为结果进行评价的基本观点。可以说，人生就是为了价值的追求，价值观念决定着人生的追求行为。价值观不是人们在一时一事上的体现，而是在长期实践活动中形成的关于价值的观念体系。而婚姻中的企业文化则是指人们在选择与对待婚姻时所持有的价值观。

中国传统观念一直认为：男人是家庭的顶梁柱，男人无论在外面多差，在家庭中也是占统治地位的。正所谓"三从四德"中的"既嫁从夫"，一切以男人为主。在古代社会，由于职业的决定，男人因为具有劳动力强的先天优势，所以能够一直保持统治地位。但是如今，在职业上男女越来越平等，女性在社会竞争中越来越占据优势，甚至有科学机构调查显示，在不久的将来，人类社会将会再次进入"母系"为主体的社会。但是就现阶段的中国社会而言，**无论女性在社会中占的地位有多重要，在择偶观念上，中国男性在婚姻的"企业文化"中所持的价值观依然以"男主外，女主内"、"男强女弱"等等大男子主义思想为主。**

随着中国高等教育的大众化和计划生育政策的实施，在个体家庭中，教育资源的投入已经基本没有性别差异，大多数女性都能在学业的道路上享受和男性同等的机会。女生对应试教育有着天生的

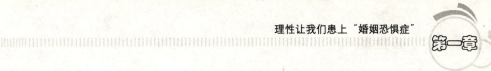

性别适应，再加上本科毕业就业难等现实考虑，使得硕士、博士研究生的数量不断增加，女研究生婚姻市场的规模也随之不断扩大。研究生的连年扩招，更是加快了这一规模的扩大。厦门大学公共事务学院教授叶文振认为："女性因为接受了更高的教育，思想在不断进步，但是男性在婚恋问题上并没有多大的进步，反而更为传统了。"供需双方多数还依从于传统文化对两性家庭角色的期待。在对待学历的问题上，一般男性的择偶标准都是比自己低一个层次，比如硕士生娶本科生，本科生娶专科生，至少也要同等学历。几乎没有一个男性在择偶时要求女方学历比自己高。所以有些女研究生想嫁却嫁不出去，男性想娶却不敢"妄"娶。

婚姻问题专家叶文振进一步指出："在留学归国女硕士比重增加的同时，年轻、美丽、温柔体贴的女研究生比重也在增加。我所带的几名女研究生中，就不乏漂亮、健康、聪慧、温柔的女孩。"然而，即便一些女研究生才貌双全，在婚姻市场上的行情仍不看好。

其实，不仅男性存在着"男强女弱"的企业文化价值观，女性也普遍持此观念。虽然在主流文化和社会建制中，基本上达到了男女平等，但是，隐于人们内心的观念之中，成为血液一部分的文化和潜规则中，依然是男强女弱的择偶标准。大多数女性也不愿意"下嫁"比自己学历低的男性，很多有一定经济实力的女性也不愿意嫁给比自己经济实力差的男性，从而又提高了自己的择偶门槛。

总之，男性望优秀女性而却步，一方面是男性所持有的对婚姻的传统价值观念，认为自己必须是家庭中的唯一顶梁柱，所以不敢去高攀比自己优秀但是愿意降格以求的女性。另一方面，一些女性也存在着传统的观念，认为男性必须要比自己强才可以，所以根本就不会去考虑不如自己的男性。实际上，婚姻的最终目的是得到幸福，如果一个人能够给自己带来幸福，那么对方是否比自己更有能力根本不该是个问题。

企业文化

　　企业文化是一个组织由其价值观、信念、仪式、符号、处事方式等组成的其特有的文化形象。企业文化是企业的灵魂，是推动企业发展的不竭动力。它包含着非常丰富的内容，其核心是企业的精神和价值观。

第二章

我爱你那么多，你爱我一点儿会死啊！

　　差不多 10 年前香港歌手陈小春的一首歌《女人不应该让男人太累》的副歌部分唱出了某些男人的心声：就算再付出，我都撑得住，我不怕辛苦，苦到什么地步，只要你满足，但你何时满足，爱得好累真的好苦，女人不该让男人太累，虽然你是我的一切，也别让我感觉爱你很可悲，爱得好累真的好苦。这种"忘我"的男人真令人敬佩，也是很多女人的首选，但是他也有累的时候，也有爱够了的时候，因为出现了边际效用的递减。一直爱，一直爱，情到浓时情转了薄，就会使两性关系出现问题，结果可能会导致爱情或者婚姻收尾于各自飘落在天涯。本章正是从经济学的角度来分析为什么男人会爱得累了，累得不想爱了，爱情为什么慢慢地就不见了，当然对于女人也是如此。

1. 在一起久了，严重审美疲劳
——边际效用递减规律

> 谁能"读你千遍也不厌倦"呢？
> 为什么有的女孩收到大把玫瑰显得欣喜若狂，而有的女孩则波澜不惊？

台湾老牌实力唱将蔡琴有一首很好听的老歌《读你》：

读你千遍也不厌倦，读你的感觉像三月，

浪漫的季节，醉人的诗篇，唔……

读你千遍也不厌倦，读你的感觉像春天，喜悦的经典，美丽的

诗篇。唔……

你的眉目之间，锁着我的爱怜，你的唇齿之间，留着我的誓言。

你的一切移动，左右我的视线，你是我的诗篇，读你千遍也不

厌倦。

读你千遍，也不厌倦，读你……

这首歌给刚陷入热恋的人来听的确好听，的确是"读你千遍也

不厌倦"，但是过一段后你再给他们听，还会"你是我的诗篇，读你

千遍也不厌倦"？未必如此吧。什么原因呢？

先来看一个小故事：静和盈是闺中密友，两人几乎是同一时间交的男朋友。情人节那天，两人都收到了一大束玫瑰，可是同事们发现，二人面对如此珍贵而又浪漫的礼物时的反应却大相径庭。面对男友递过来的玫瑰，静表现出的不仅仅是欣喜若狂，在她的眼中闪烁着的一种感受到被呵护、被关爱的极度甜蜜。静当场给男友一个深情的拥抱，甚至不顾旁边有他人在场，深情地亲吻了男友。而相比之下，盈的反应则过于平静了。面对那束娇艳欲滴的玫瑰花，盈只是浅浅一笑，没有多少感动与兴奋。为什么同样收到礼物，两个人的反应却截然相反呢？

事后大家才知道，原来盈的男友在情人节前的那两个月，每周都会送盈一束玫瑰花；而静的男友从来没有送过玫瑰花给她。所以两人才会有不同的反应。很明显，如果盈的男友不是一直都有送玫瑰花给对方的习惯，那么在情人节那天，盈的反应就会和静一样，感动而兴奋。

这是为什么呢？道理很简单，用经济学的原理来说就是"边际效用递减"。所谓效用，是指满足程度来自于人神经的兴奋。外部给一个刺激（即享有某种物品给以刺激，如吃面包刺激胃），人的神经兴奋就有满足感（产生效用）。但是随着同样刺激的反复进行（消费同一种物品的数量增加），兴奋程度就下降（边际效用递减）。

在一定时间内，在其他商品的消费数量保持不变的条件下，随着消费者对某种商品消费量的增加，消费者从该商品连续增加的每一消费单位中所得到的效用增量级边际替代效用是递减的。消费某种物品实际上就是提供一种刺激，使人有一种满足的感受，或心理上有某种反应。消费某种物品时，开始的刺激一定大，从而人的满足程度就高。但不断消费同一种物品，即同一种刺激不断反复时，人在心理上的兴奋程度或满足必然减少。或者说，随着消费数量的增加，效用不断累积，新增加的消费所带来的效用增加越来越微不足道。

简单地打个比方：当你极度口渴的时候十分需要喝水，你喝下的第一杯水是最解燃眉之急、最畅快的。但是随着口渴程度降低，你对下一杯水的渴望值也不断减少。当你喝到完全不渴的时候即是边际，此时再喝下去甚至会感到不适，再继续喝下去会越来越感到不适。

很多事情都存在着边际效用递减。比如一首再好听的歌，你连续听了1000遍，也会觉得它很讨厌，甚至在以后一听到就觉得厌烦。山珍海味天天吃，吃多了也会觉得不过如此。而在男女关系中当然也不可避免地存在着边际效用递减。盈在面对玫瑰花时的态度就是这样；因为男友送得太多了，所以就没有什么刺激感了，也就觉得平淡了；而静则是第一次收到这么大束的玫瑰，刺激感当然强烈。如果两个人调换位置，必然会出现静看到玫瑰没什么反应，而盈则激动异常的局面。民间更有流传一种说法：一对男女在相识的第一年里每做一次爱就往一个缸子里放一粒黑豆，从第二年开始，每做一次爱就从那个缸子里拿出一粒黑豆，一辈子也取不完。

人们常常用"热情似火"来形容男女双方的关系，但是火虽热烈，却瞬息即完，可以说是"其兴也勃焉，其亡也忽焉"。在最初的热情过后，两人的生活必然会进入平淡时期。当对彼此的生活习惯、行为举止都了然于胸时，就没有新鲜感了，这时对方就不会再给自己带来更大的效用了。就好比是董永与七仙女的故事。当放牛郎董永把手藏在身后问她自己手里拿着什么时，七仙女根本不用猜就知

道是野花，这不免让二人都觉得趣味索然。当男女二人相当熟悉之后，效用达到临界点时，就会开始递减。很多人在结婚之后，尤其是一些女性开始疑惑地找人倾诉："他结婚之后对我不如从前了，是不是不爱我了？"或者认为自己的丈夫"他现在对我不如以前了，是不是变心了"等等。当然，男人在婚后变心不是没有可能，但毕竟还是占少数的。很多人在交往的时间到了边际之后，就开始不再像以前那样热情了，这是一种正常的自然规律，而不是因为变心等其他原因。不是有专家说，男人出轨后回家的表现是：比以前勤快，比以前温柔，比以前大方。总之，是让女人又找回热恋的感觉，因为他觉得内疚，所以在不自觉地想找补回来。

其实，无论男女都存在着不同程度的边际效用递减。很多人在结婚一段时间后，会认为"老婆/老公是别人的好"，很多人在自觉不自觉地都会拿自己的对象去跟别人比，在婚前是"情人眼里出西施"，婚后则觉得不过如此，甚至认为自己当初"看走了眼"。事实上，这一切都是边际效用递减在作怪。

边际效用递减的存在是不可避免的。很多人都希望双方的感情会像烈火一样永生，但是烈火永远是短暂的，只有星光才能永恒。所以说，当你发现对方对待你的态度不像以前那样热情，或者你反思自己为什么不能像以前那样对待对方时，不必怀疑或者内疚。如果能保持长久的热情当然是好的，但是如果没有这也是正常现象。因为婚姻关系中，平淡持久才是最重要的。

▶ 边际效用递减规律

消费者购买物品是为了从消费这些物品中得到效用，这样，消费者为了购买一定数量的物品所愿意付出的价格就取决于他从这一定数量的物品中所得到的效用。效用大，愿付出的价格高；效用小，愿付出的价格低。随着消费者购买某物品的数量增加，该物品给消费者带来的边际效用是递减的，这样，消费者所愿付出的价格也在下降。在一定时间内，在其他商品的消费数量保持不变的条件下，随着消费者对某种商品消费量的增加，消费者从该商品连续增加的每一消费单位中所得到的效用增量级边际替代效用是递减的。

2. 你会不会营造神秘感与距离感
——边际效用递减的减缓

> 为什么男人会被若即若离的神秘女人迷得五迷三道？
>
> 为什么《蓝宇》的主角说："两个人在一起太熟悉了，就不好玩了。"

既然边际效用是基于人本性而存在的，是不可避免的，那么应当如何对待呢？尤其是在婚姻关系中应如何对待边际效用递减带来的坏处呢？婚姻问题专家告诉人们：营造一定的距离，同时一定要保持自己的神秘感。

人与人之间彼此双方都需要个人的一点空间。如果彼此连一点点的个人空间都没有的话，那时间久了也会生厌。所以这时就需要营造一个距离，因为距离产生美。很多坚决拒绝办公室恋情的人认为，办公室恋情最令人难以忍受的是：一天24个小时，除了上厕所的时间不在一起，其他时间都在一起，没有一点私人时间与空间，是会令人窒息的。人都是独立的个体，都需要一定的独立空间。所以，两个人在一起的时间过长会令人感到反感，这也是边际效用递减的原因。因此，这些人反对办公室恋情。关于距离感最常见的方式应该是异地恋了。大多数异地恋如果成功的话，很少会产生两个人因为天天在一起而产生的边际效用递减，因为两个人见面的时间并不是很多，也就不可能产生因为过于熟悉而生厌的事情了。所以，在婚姻关系中的双方应该尽量地去营造一定的距离感。短暂的距离可以产生美，因为彼此分开以后有一种迫切渴望重逢的雀跃，也就有"小别胜新婚"的说法。两个人应当适当地营造一定的距离，比如，可以找个机会，单独去朋友家住一晚，甚至有条件的可以单独去度假一段时间，等等。这样就会把边际效用递减变到了最小，有效地保持了两人关系的新鲜感，更容易持久。

距离可以产生美，可以减缓边际效用递减，那么神秘感的作用又何在呢？其实也是为了减缓边际效用递减。**很多不幸福的婚姻和恋爱，都是因为双方一旦进入状态之后，就开始要求对方什么都要向自己开放、坦白，不允许对方有隐私。这样一来，双方就不再有神秘感了，没有了神秘感，效用也就会消失，双方的吸引力也跟着就会急速下降。**很多女人都说，为什么男人一旦拥有了自己，就不像以前那样爱自己了。我们都知道，人们都有好奇心理，都会对自己不了解的，感到神秘的事物有着极大的兴趣。而当自己对这一事物有了足够的了解之后，也就不会再有什么兴趣了。电影《蓝宇》中的台词说："两个人在一起太熟悉了，就不好玩了。"文学青年兼

约会要去　必胜客

小资们常用的一句失恋感言是："因陌生而吸引，因熟悉而分开。"这也是边际效用的道理。因为陌生，有神秘感，产生了兴趣，进而产生了感情；而因为熟悉，没有了神秘感，失去了兴趣，也就只好分开。所以说神秘感也是减缓边际效用递减的一个重要方法。

一个聪明的人，或者一个想维持长期婚姻关系的人要学会保留一定的神秘感。美国学者尼娜·欧尼尔和乔治·欧尼尔夫妇合著一本名为《开放的婚姻》的书。他们在书中告诉大家："在婚姻生活里，每个人都需要有一些空间，不只是物理的空间——像有一个小房间，可以把自己关在里头；还要有心理的空间。心理的空间可以假想为一个人心理上的小房间。没有这个空间，人不可能成长；如果没有成长，即使感情最好的夫妇最后也会彼此厌倦。"

前苏联心理学家扎采宾等人研究表明：在有感情基础的夫妻之间，会发生周期性的"爱情休眠期。"经过一段时间的甜蜜的相处后，夫妻双方会产生厌倦、冷漠甚至敌意的情绪。这时最好的办法是给对方一个独立的时间、空间，使其自身调整，经过一段时期后夫妻感情自然会进入下一个甜蜜期。感情的更新需要人为的努力。新总是与"陌生"、也可以说是"神秘"联系在一起，一个熟悉的人或物绝不能说是新的。而时间和空间距离常常可以创造神秘感。结婚后夫妻天天生活在一起，每天重复着锅碗瓢盆油盐酱醋生活曲，久而久之双方都感觉乏味，为一些生活小事难免不发生争吵。同时，两个人慢慢地由熟悉而生厌倦。男女双方时常拥有自己的独立时间、空间，有相对的自由，使彼此拥有神秘感，这是能够增加魅力的，而且能够更好地维系婚姻。

当然，无论是距离感还是神秘感，都应该是适度的。因为男女双方关系的融洽与否最重要的一条是信任，如果为了营造距离感而故意分开，往往会使双方关系破裂。让王宝钏苦守寒窑 18 年是极为不道德的行为。所以距离只能是短距离，也不能过于频繁。神秘感的营造同样也应该是适度的。虽然不必一清二白，把自己从记事起的第一件事到现在事无巨细地告诉对方，但是一些必须要透露的个人情况，还是要公开的，比如个人家庭状况、财务状况、亲友关系、兴趣爱好和将来的打算等等有助于建立信任机制的信息是必须要公开的。如果能够做到以上两点，那么婚姻就不会害怕边际效用递减带来的后果了。

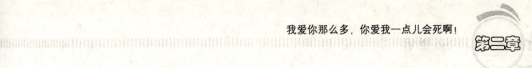

赫尔曼·海因希里·戈森

他是最先提出边际效用递减规律的经济学家。1810 年 9 月 7 日生于德国，波恩大学毕业后曾当过律师和地方政府税务官，后来与他人合办过保险公司，之后他退出经营，专心致力于搞研究，研究怎么才能快乐。当时大家都觉得他是疯子：一个穷鬼不赚钱娶老婆，整天研究怎么快乐。为了宣传自己的理念，他把一生的积蓄拿出来自己出书——即《人类交换规律与人类行为准则的发展》，希望能宣传自己的理念。由于他的书里用了大量繁琐的数学推导和公式，几乎无人能看懂，到了 1858 年，他的书 4 年间只卖掉了 4 本。他因为心情不好而郁郁寡欢，加上生活落魄，得了严重的肺病，年终时仅 48 岁，终身未娶；一个研究快乐的人却过着最悲凉的一生。

3. 对 TA 太好，就把 TA 惯坏了
——边际生产力递减规律

> 知道为什么你的男人会"爱得痛了，痛得哭了，哭得累了，累得跑了"吗？

有很多人困惑不解：自己对对方越好，对方对自己则越差劲。难道"投桃报李"不是人的天性了吗？其实并不是人的天性变了，而是因为人的本性中的一些因素在作怪。

一个小女孩做错了事，母亲批评了她几句，她不服回嘴。母亲气得骂她说："我对你越好，你却对我越差，你还有没有良心？"气愤之极打了她一个耳光，小女孩一怒之下跑出了家门。在街上游荡了一天，腹内空空，饥饿难耐，盯着街边卖馄饨的小摊，但是身上没有一分钱。摊主是一位老婆婆，见她可怜，盛了一碗馄饨给她吃。小女孩说："我没有钱。"老奶奶见她可怜，便说："不要你的钱，我请你吃。"小女孩边吃边流泪，老奶奶问她为什么，小女孩说："我的母亲因为一件小事就把我赶出家门，而您不认识我却还要给我馄饨吃。"老奶奶听完后语重心长地说："孩子，如果你是因为这一碗馄饨而感激我的话，那你为什么不感激给你做了十几年饭的母亲呢？"

在日常生活中我们常有这样的体验：家庭生活中的妻子和丈夫常常无视对方为自己所做的一切，因为"这是责任和义务"，而不是

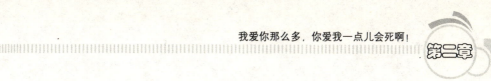

因为"爱"和"关心"；一旦外人对自己做出类似的行为，则会认为这是"关心"，是"爱的表示"。当我们遇到问题时，我们的亲朋好友大力相帮，并不让我们觉得奇怪与感激，因为我们总是认为"他是我的亲戚"、"他是我的朋友"，帮助我们是理所应当的。但是如果一个陌生人向我们伸出了援助之手，哪怕只是一点微不足道的帮助，我们都会感激不尽。这也是边际效用的作用。

因为小女孩认为"她是我妈妈"，所以做饭给我吃、为我做一切的事都是天经地义的。小女孩的母亲为她做一切是司空见惯的，所以对她再好，她也不会有太大的感激，因此会让母亲产生"我对她越好，她却对我越差"的感觉。这种事情也很容易发生在男女关系上，比如经常会有人疑问：为什么我对 TA 那么好，好到无路可退，TA 却一点儿也无动于衷？是不是我把 TA 惯坏了？

理性人在做出决策，或者调整行动计划时，往往考虑到"边际变动"。一方在对另一方越来越好时却没有发现，对方觉得是应该的，心安理得，所以也不会做出什么反应，这可以说是出现了边际生产力的递减。所谓"边际生产力的递减"，大意是指在技术给定和其他要素投入不变的情况下，连续增加某一种要素的投入所带来的总产量的增量在开始阶段可能会上升，但在一段时间之后就会出现下降的趋势。这就是边际生产力递减规律，也称为边际报酬递减规律。

一方在不断地付出，甚至不断地加大付出，也就是投入更多的边际生产，但是另一方却因为对对方付出的感激达到了临界点，出现了边际生产力的递减。人们普遍存在这样一种心理，也就是佛家所说的人生七苦之一：求不得。得不到的才是最好的。如果一方付出的量虽然在不断地加大，但是质并没有出现变化，那么也不会产生多大的影响，很多情况下也只会得到对方无动于衷，甚至是心安

● ● ●　43

理得的反应。

当一个人的投入越来越多，但是增加的投入所带来的总产量却越来越低时，作为一个理性的人，他的反应也会是减少或者停止投入。这就是为什么有些人发现自己的丈夫或者妻子原本对自己好到无以复加，但是正当自己为此而洋洋得意的时候，却发现对方的态度急转直下。原本对自己百依百顺，无所不从，如今却对自己冷若冰霜，爱理不理，甚至恶语相向。这些人不知道是因为自己没有做好，没有在对方不断加大对自己的投入时，做出正确的回应，而只是在困惑，在怀疑：为什么 TA 对我不如以前好了，难道是变心了？

经济学家认为：理性人考虑边际量。在婚姻关系中，并不是所有的人都是理性的，或者说感性（感情）要起很大的作用。但是再感性的人，如果发现自己的投入越来越多，却得不到相应的回报，也就是说自己一直付出，对方却只是予取予求，而丝毫不给以"投桃报李"，那么也会对此不满，必然会因此而作出利己的反应——减少投入量。当婚姻关系中出现这种现象时，那么家庭关系出现不协调也是迟早的事了。

◖ 边际生产力递减规律

在产量为既定时，所用的劳动越少资本越多，资本的边际产品，即资本的边际生产力就越低，决定了资本的净增长上限必然为零。所以资本的边际生产力决定了资本投入量的上限，从而使得均衡增长状态的效率人均资本的增长也等于零。如果能够避免资本边际生产力递减现象的出现，则有可能使得均衡增长状态的效率人均资本能够持续增长。

4. 当容颜不再，你靠什么保住婚姻
——边际效用递减规律普遍性的反思

> 钟无盐是怎么守住自己的王后宝座的？

卫国时，有一个名叫弥子瑕的人很受卫灵公的宠幸。卫国法律规定，私驾国君车骑的要施以重刑。弥子瑕的母亲病了，弥子瑕假传命令驾着国君的车子回家探病。灵公得知后，不仅没有惩罚他，还说："好孝顺呀！为了母亲的原故，忘了他犯了刖罪了。"弥子瑕同灵公一起在桃园游玩，他吃到一个很甜的桃子，便把没吃完的桃子给了国君。国君说："这是多么爱我呀！忘记了他已经吃过了（这个桃子），来给我吃。"但是等到弥子瑕年老时，色衰爱弛。有一次得罪了灵公。灵公说："这个人曾经假传命令驾驶我的车子，后来把吃剩下的桃子给我吃。"结果被判了重罪。这是很典型的色衰爱弛的表现。因为容颜不再，结果惨遭抛弃甚至惩罚。

某工程队要以南北走向用 10000 节铁轨铺一段铁路来与一条东西走向的铁路相接。铺第一条铁轨，对工程没有多大的影响，而第二条就大得多，以此类推，当然是铺得越多，铺这段铁路对于工程队来说的重要性就越大，成就感也越大，也就是说边际效用是越来越大的，而不是递减的。而从铁轨的价格方面来说，如果只铺了第一节铁轨，铁轨就因缺货而涨价50％，那么该工程队很有可能会放弃这个工程，这也可以说明这第一节铁轨是可有可无的，其边际效用是最小的。而如果在铺完9999节铁轨、只剩下最后一节铁轨没铺时该工程队绝不可能放弃这个工程；哪怕这最后一条涨了300％的价，工程队也一定会买一节回来铺上。因为如果不铺上最后一节铁轨，前面的9999节铁轨的效用就等于零，这也说明了最后一节铁轨是最重要的一节铁轨，因而它的边际效用最大。

由以上例子中的两个事例，仿佛可以得出与以前完全不同的结论，也就是说：边际效用不是递减的，而是在不断地递增的。对于"上瘾"来说，无论对什么事情"上瘾"的人，都是越来越加深，而不是慢慢地就厌倦了，比如吸烟、喝酒、赌博等等。最典型的是"吸毒"，往往都是从一开始的为寻找刺激而尝试吸食大麻，到后来的大剂量吸食海洛因，越来越深，以致不能自拔。因为多数毒品都有耐药性，吸毒者必须不断加大剂量才能重新体验到吸毒的快感。这也充分说明了在有些时候，边际效用也是递增的。

在婚姻关系中其实也并不是全都"色衰爱弛"的，有时也是存在着边际效用递增的。以女性为例，对以美貌取胜的女人来说，美貌似乎是她的全部，但是容颜易老美貌是最容易随着时光流逝而消失的东西。当容颜不再的时候，惨遭抛弃是注定的命运。但是并不是所有的女性在青春不再时都遭到抛弃。相反的是，有的女性不仅没有遭到这种命运，反而随着年龄的增长而在婚姻中越来越游刃有余。

春秋时期，齐国有一个奇女子钟无盐，她长得非常丑陋，年过40都没有嫁出去。可是，她并不因此而自卑，而是对自己充满信心，并凭自己的胆识和才学向齐宣王求婚。她举止端庄、侃侃而谈，吸引了齐王，让齐王从敬重她转为爱慕她，不仅立她为后，而且还让她与自己共同治理国家。钟无盐不但没有因为相貌的不堪而被抛弃，反而因为才学的出众而倍受喜爱，使齐宣王对她越来越宠幸。

由此可见，正如吕不韦所言："大凡以色事人者，色衰而爱弛，爱弛则恩绝。"在现实生活中，**一个年轻漂亮的女人在各种场合都受到男人的青睐，但她所拥有的美只是外表，会随着时间的推移而不复存在。女人的外在美是短暂的，内在美才是长久的。而只有博大的胸襟、气质、风度、智慧、自主、自信才是长久的。**

前沿经济学派也表示：边际效用递增阐述的现象都是变动的、复杂的、进步的事物。对于一个人来说，拥有漂亮（女）或英俊（男）的容颜是先天优势，是在婚姻市场竞争中的优势资本。但是随着时间的推移，可能先是因为彼此的过于熟悉而失去了兴趣，产生了边际效用的递减，从而导致关系的破裂。而后也可能因为时间的催促而使人变老，容易消逝，结果也会导致关系的破裂，"色衰爱弛"。而如果能够在后天不断培养自己的内在气质，不断提高自己的个人能力，使对方对自己的印象越来越好，那么就会出现"边际效用递增"，使自己在婚姻关系中越来越受欢迎。因此，不论是男性还是女性，维持婚姻靠的不是过人的容貌，而是不断提升的个人内在气质。

▶ 边际效用递增

边际收益递增是指随着知识与技术要素投入的增加，产出越多，生产者的收益呈递增趋势明显。这一规律是与边际效用递减规律正相反的规律。生产者往往可以通过在原有的要素投入基础上，增加研发的投入，使生产收益逐步递增的规律。

5. 平淡生活需要刺激
——激励的负面影响

> 婚姻生活真的是平平淡淡才是真，还是平平淡淡才失真？

婚前恋爱如火如荼，婚后感觉平淡无味，这是新婚夫妻产生"审美疲劳"的征兆之一。也正因如此，很多夫妻在婚后3年左右就出现了感情问题，甚至把"离婚"摆上桌面。他们中的许多人都是因为婚姻生活平淡而出现问题的。

在一家出版社工作的王小姐和她丈夫是大学同学，两人同在异乡，刚恋爱的时候有点"相依为命"的感觉。提起恋爱时候发生的事，方小姐至今对许多细节还能记忆犹新。她告诉记者，她记得最清楚的是大三那年圣诞节，男友用打工挣来的钱买了一束花给她，"圣诞节的玫瑰多贵啊，天又冷，他站在女生宿舍楼下面等我，好多进进出出的女孩都看见了。我那时就觉得自己跟了他，真幸福。"二人大学毕业时，为了能留在同一座城市，没少费周折，男友放弃了外地一个年薪10万元的工作，几乎全系同学都认为他们是模范情侣，结婚也就成了顺理成章的事。

但是婚后各种各样的琐事充斥了整个生活，小吵小闹时不时地发生，婚后的生活完全不是她当初所想象的充满激情，两人甚至有时会吵到闹离婚。有婚姻咨询机构表示，现在这种一结婚就感叹婚后生活平淡的人非常多，一些小夫妻为此闹离婚。她解释说，要保持婚姻就要守住平淡，准备结婚的男女应该做好充分的心理准备，要明白婚后的生活肯定会跟恋爱的时候不同。

有句话说："婚前过的是人的生活，婚后过的是驴子的生活。"婚前对方对自己百般好，婚后却对自己百般不好。在婚后之所以会出现这种现象，出现与结婚之前截然相反的平淡婚姻生活，这也是因为边际效用递减规律在起作用。就像前面所讲的情人节送玫瑰的故事一样，因为送的太多了，也就没有感觉了。原来对自己很好，可是结婚之后越来越觉得没有兴趣或者心思去对对方百般好了，所以也就越来越不好。而婚前在热恋期，为了维持彼此的关系，一方或者两方会努力营造良好的氛围，浪漫的感觉，但是在关系稳定之后，慢慢地也会对此失去了兴趣，也就会进入了"边际效用递减"的怪圈。

生活本来就是平淡的，但是并不是所有的人生活都是如此平淡的，因为生活是可以制造的，不平淡的生活来自于营造。有一个女人在结婚 3 年之后也感觉生活很无趣，平淡得让她无法忍受，一度对婚姻失去了信心。偶然有一天，这个女人在书中读到了这样一句话："草地上开满了鲜花，可牛群来到这里所发现的只是饲料。"她一下子醒悟过来：原来正是情感的粗糙和浅薄，缺乏浪漫，才会使婚姻生活变得毫无情趣，缺乏色彩。此后她不再抱怨，而是选择营造浪漫。在他丈夫生日的那天，她去订了蛋糕，又到超市买了很多东西，还到花店买了鲜花。回来后，她把鲜花插到花瓶里，又做了一顿丰盛的晚餐，点上蜡烛，等着丈夫回来。

晚上，当同样感觉生活平淡的丈夫带着一脸疲惫地回到家，推开门后，一曲悠扬的《回家》正在满屋温馨的烛光里回旋，摇曳的橙黄中，俏丽的妻子欢快地迎着他。一个装饰成水晶心的蛋糕上，五彩的、细细的蜡烛，拼成一个"LOVE"，燃烧着，跳跃着。丈夫看到之后，高兴得无以复加，重新感觉到了爱情的浪漫与感动。

后来，这个女人不时地营造各种浪漫，有时候买点小饰物装饰卧室，有时候买回几条小鱼等等，他们似乎又重新回到了恋爱时光。受妻子的感染，丈夫也会偶尔制造一次浪漫大餐，还会买花回来，甚至还买过几次音乐会的票。

他们只是用了一点点小小的心思便找回了结婚之前的感觉，让婚姻生活不再是平淡无味的白开水，而是浪漫温馨的快乐生活。

经济学十大原理之一是"激励"。有经济学家甚至认为经济学就是：人们对激励做出反应，其他的都是对此的解释。激励是指激发人的热情与潜力，鼓励人们达到期望的目标。古往今来，激励一直是管理实践者和理论家们关注的焦点之一，从"胡萝卜"加"大棒"到马斯洛的需要层次理论，从赫茨伯格的双因素理论到弗姆的期望值理论，无不围绕激励展开。

婚姻生活也是需要激励的。当生活过于平淡时，聪明的人会知道对此做出改变，会努力去营造一些不平淡的氛围，让生活多一点情趣，而不是一成不变。中国妇联专门从事婚姻与家庭研究的陈新欣女士说，根据调查，恋爱的激情期大概只有18—30个月，所以才会出现在恋爱时期两人感情如胶似漆，结婚以后就慢慢淡下来的情况。但是，平淡的生活容易产生"审美疲劳"。这时就需要婚姻中的双方会激励自己，在因为不满于平淡的生活的激励下做出反应：自己去营造浪漫，创造激情，只有这样才能避免生活陷入平淡的境地。

生活需要刺激，在刺激中热爱生活。当你拥有了刺激带来的快乐，你就有了面对生活的勇气。我们应该热爱生活，不要让生活如死水一潭，更不要因为生活过于平淡而使婚姻陷入分裂的境地。

▶ 激　励

　　激励是指组织通过设计适当的外部奖酬形式和工作环境，以一定的行为规范和惩罚性措施，借助信息沟通，来激发、引导、保持和归化组织成员的行为，以有效地实现组织及其成员个人目标的系统活动。所谓正激励，就是对员工的符合组织目标的期望行为进行奖励。所谓负激励，就是对员工违背组织目的的非期望行为进行惩罚。正、负激励都是必要而有效的，不仅作用于当事人，而且会间接地影响周围其他人。

6. 男人爱花心，女人不爱离婚
——边际效用递减与成本

> 男人不仅花心，还比女人爱离婚？

　　从心理学的理论上来讲，男人跟女人是同样花心的，可是在现实社会中，男人花心的行为却比女人多很多。所以有的女人就认为男人没有一个好东西。可是为什么从心理上来说男女同样花心，现实中却是男人看起来比女人花心得多呢？

　　某女子与其男友在大学相恋4年，毕业后两人一同前往上海工作。她找的工作还不错，而男友没有找到工作，于是她便鼓励其考

约会要去　必胜客

研。男友不负期望考上了研究生，然后该女子供应了他 3 年。满以为男友毕业之后找个好工作，两人会过上比较好的生活，但是没想到男友却跟她说，自己对她已经没有感情了，要求跟她分手。在她的追问下，男友才承认他已经跟一个女研究生同学在一起很久了。此女子伤心之余，百思不得其解，为什么男人如此容易变心呢？男人为什么会比女人花心呢？

实际上，从经济学上来说，男人花心属于一种"边际效用递减"。因为该女子与其男友在一起已经 7 年的时间了，可以说激情早就已经没有了，新鲜感也已经没有了，只有平淡的感情了。因此，对于其男友来说，她的效用已经比不上那个女同学了。因此她的男朋友就变心了。当然，从道德上来说，这是不对的，但是从经济学上来分析，这的确是一种合理的现象。

可是为什么女人看起来花心的少呢？准确地说，应该是结了婚的女人中花心的比较少！但这并不等于说，边际效用递减在结了婚的女人身上不起作用。结了婚的女人在内心深处未必没有喜欢更英俊、更年轻、更富有男性的念头。也就是说，在通常情况下，男女在变心这一问题上是概率相同的。女性之所以在两性关系中相对不容易出轨，变心的几率较小，是因为女性在成本与收益问题上的考虑要比男性复杂与麻烦。只是一般她们不会采取行动而已，个中道理可以用经济学的成本与收益的方法来分析。

人们采取一项行动都是要经过理性思考的，其中最简单的思考就是要考虑一下成本与收益的问题。假如收益大于成本，人们才会去考虑采取行动，而如果成本大于收益，人们就不会去做。从日常观察中可以看到，已婚男人花心，相对于已婚女人的成本是比较低廉的，最多付出一些金钱，进行一些精神上的补偿。实际上，很少有女人因为丈夫花心而坚决要求离婚的。倘若女人真要选择离婚，也许正中男人下怀。假定已婚女子打算红杏出墙，心中必然会做出一番权衡。一般来说，已婚女子花心一旦被发现，她所要付出的成本是非常高的。对大部分男人（包括花心的男人）来说，妻子的不忠是无论如何不能忍受的，离婚几乎是必然的选择。而离婚的女子在世俗眼里的名声是非常不好的；要想再找对象，也很难再找到与自己年龄相仿的男人，一般只能找比自己大得多的男人，这在心理上又很难接受；如果是经济不独立的女子，那就更不会选择离婚了，因为离婚后的生活又缺少了经济来源；还有对子女的牵挂，又使女人多了一分负担。所以说，已婚女子红杏出墙的成本远大于收益，所以她们仍然会做出坚决不红杏出墙的理性选择。

从经济学的角度来说，人都是理性的，所以婚姻是要控制成本与收益的。一般来说，收益越高的事情，就意味着风险也越大，这一点在婚姻当中同样适用，也就是说，对婚姻的期望值（也就是想要获得的收益）越高，风险也就会越大。上文中的那位女性只看到了供她男友读研毕业后的收益，却没有看到他读研毕业后的风险。假如该女子的男友并没有考研，其收益也就会比较小，而风险也自然会小，也就是说花心的几率就会小。

那么女性应该如何对待丈夫红杏出墙的事呢？大多数情况下，女性在遇到丈夫红杏出墙的时候，如果丈夫有悔改的可能，都会尽量包容，因为这样不仅会显得自己大度，给男人一次改过的机会，同时也不会因为离婚造成一些对自己的不利影响。倘若双方仍然还有感情，不离婚更是一种最好的选择。

但是倘若男人花心是因为对自己没了感情，或者自己对他也没了感情，那么这时离婚也许是一种更好的选择。因为从短期来看，可能会遭受经济上的损失，但是从长远来看，如果夫妻双方没有感情，那么以后的日子也就不会好过，也就不可能有幸福生活可言。从经济学上来说，这是一种成本大于收益的投资，继续投资是违背人的理性选择的。所以说，在这种情况下，最好的选择就是离婚。

事实上，很多人认为，离婚之后将会失去很多自己原本拥有的东西。有一天，一个女子独自在公园里向隅而泣。有一位老人看到以后，关切地走上前去问她："姑娘，你怎么了，为什么在这里哭得这么伤心啊？"这个女子哭哭啼啼地说："我的孩子死了，然后结婚5年的丈夫也跟我离婚了，我真的很难过，根本想不通到底是为什么。"这个老人听了以后，不但没说安慰的话，反而哈哈大笑："你真笨！"女子勃然大怒："你怎么能这样呢，我失恋已经很伤心了，你不安慰我也就算了，为什么还要取笑我，说我笨？"这个老人回答道："5年前你是什么情况？"女子回答说："5年前我没有丈夫，也没有孩子。"老人说："那岂不是跟现在差不多？"

当然不可能跟以前差不多，但是已经失去的东西如果再为其付出成本是错误的。也就是说，人们在决定是否去做一件事情的时候，不仅是看这件事对自己有没有好处，而且也看过去是不是已经在这件事情上有过投入。同样，对于离婚来说，如果过多考虑一些过去的成本与收益也是不对的。

总之，不是男人更花心，而是其花心的成本相对于女人来说要小。也不是女人不愿意离婚，而是其离婚的成本要比男人大很多。

效用与幸福公式

在经济学概念中，效用是用来衡量消费者从一组商品和服务之中获得的幸福或者满足的尺度。有了这种衡量尺度，我们就可以在谈论效用的增加或者降低时有所参考，因此，我们也可以在解释一种经济行为是否带来好处时有了衡量标准。著名经济学家郎咸平在《郎咸平的爱情经济课》一文中提出一个公式：幸福＝效用/期望值。也就是说，如果你得到的某件商品的效用不变，你对它的期望值越小，幸福感就会越高。

7. 哪种人最容易出轨
——消费者偏好

> 出轨到底是男人的爱好，还是女人的喜好？

自古以来，爱情之事便一直困扰着痴男怨女们：不管是愿意还是不愿意，几乎没有人能逃脱感情的纠葛，为此众多文人墨客留下了无数诗词歌赋，用以言情抒怀。然而，对爱情的认识从来都仅仅停留在感性的层面，本文试图用经济学的方法对爱情做一个理性分析，找出隐藏在背后的规律。

毫无疑问，爱情是个美好的事情。然而，从少年怀春时所做的浪漫却不切实际的梦，到恋爱中的种种酸甜苦辣，再到准备结婚时的煞费苦心，以及生育时的痛苦，抚养孩子的艰辛，其中的每一步都足够我们头痛不已的了。很可能在两个人相识之后，刚度过一段美妙的甜蜜期便开始陷入无休止的争吵之中。为什么爱情要承受这么多的痛？

男人和女人结合在一起最终的目的是为了繁衍后代，但男人和女人是那么的不同，人类漫长的发展历程中，男人和女人始终在互相磨合，经过这种特殊的市场磨合、淘汰和选择，为了组成一个拥有共同利益的家庭，他们不得不采取某些固定的策略，以便使自己的利益最大化，在这里的利益最大化指的是使得自己的孩子（注意，是自己的孩子，不一定非是配偶的孩子）存留下来的几率最大。

就让我们把组建家庭看作是组建一个合伙公司，这个公司的目的是为了使得产出的孩子有最大的存活可能，并繁衍他们自己的后代。之所以会建立这么一个长久固定的合伙关系，实在是由于受到环境所迫。因为人类不像其他动物，人类的幼年期实在是太漫长了，意味着该公司的收益周期很长，光凭母亲一己之力几乎无法完成这个任务，所以父亲的帮助必不可少。而这种长期固定的关系便被称作为"爱情"。

接下来看看这两个公司创始人所要进行的投资，如果单从生产孩子的角度看，女人所做的投资远远大于男人：在腹中十月怀胎，要从一个肉眼几乎不可见的小东西长成呱呱坠地的婴儿，女性付出的成本相对于男性而言是巨大的。为了达到平衡，男人不得不负担起提供外部生活资源的责任。你甚至可以将这个公司看作是：一个是有生产能力的人，但缺钱；另一个是有钱的投资人，但没有业务。由于双方都想使自己的利益最大化，所以这种合伙关系很多时候是不稳定的，互相之间都有可能做出一些背离对方的事情。

对男人来说，可以做的无外乎两点：其一，将孩子生下来之后就不管不问，不再继续提供支持，任由女方自己承担抚养责任；其二、由于自己对生孩子这件事情的初期投资极小，如果固守于此，机会成本就太大了，因为他不得不放弃其他众多机会，于是他便有可能去招惹尽可能多的女性，反正自己要付出的边际成本也不多。

那么如何做才能避免这些破坏长久关系的事情呢？经验教训告诉我们，最好的办法就是事先预防。人时时刻刻都在面临着权衡取舍，更何况终身大事？对男人来说，事先的预防措施就很简单了，为了防止信息不对称，解决办法就是一刀切，即：找个处女。

对女方来说，事先的预防措施相对就复杂和麻烦很多。为了防止可能的薄情郎和负心汉，女人应该尽可能多地给男人的求爱过程设置障碍，并用尽可能长的时间和尽可能多的精力来考查对方是否会成为一个好丈夫，一个好父亲。有个研究指出，刚开始三次约会之后男人就爱上对方的比例远大于女人，正说明了这一点，女人动情的时间相对慢很多。这个章程是所有良家妇女都要遵循的；如果有谁不遵守，轻而易举地就将自己委身给对方，这种女人在女人们的舆论中常常被称之为"下贱"。

对于该合伙公司的最终成功而言，一味地避免碰到坏玩家还远远不够，还要学会慧眼识别好的合作伙伴。我们仍然分别来讨论。对男人而言，找到一个年轻的、健康的、外表漂亮的异性是上佳之选。年轻和健康意味着非常适合进行投资，因为她们的孩子更容易存活。而外表漂亮的意义目前还不太清楚，一般认为这是健康和良好基因的表现；很显然，能长得丰乳肥臀的女人一般而言总是更健康些。对女人而言，对方收入的高低就显得极为重要了，因为这直接关系到他能拿得出多少资本来投资。女人还比较喜欢高大威猛型的男人。如果你能意识到男人只是最近几百年才开始靠头脑吃饭，而此前从来都是靠强壮的身体吃饭，就会明白，高大威猛的身体就意味着可能会有较高的资本收益，或者说更有可能较为有钱。

就像现实生活中有虚假广告一样，男女感情之中也一样有名不符实的。女人为了做到看上去年轻漂亮，不惜动用各种整容手段，隆胸、垫鼻、塑腰、开双眼皮等等，不一而足，浑身上下弄得体无完肤。另外，减肥也是为了看上去更年轻些，因为大家都知道生完孩子的妇女容易发胖。男人也一样，可以装得自己似乎很有钱的样子，再夸大自己的权力地位，然后用各种甜言蜜语来表明自己不属于负心人一类。可以预料，这类"虚假广告"将继续延续成百上千年而不会断绝。

男人对身体出轨更不能忍受，而女人对心灵的出轨更不能容忍，这也是由于信息的不对称：女人只要身体出轨那么一次，可能这男人就一辈子戴上了绿帽子，但女人如果只是精神出轨，没有实际行动，并不做出什么出轨的事情，那么男人也就会睁一眼闭一眼了；相反，男人如果只是身体出轨，对女人来说妨害似乎并不大，但如果是心灵的出轨，这就意味着很多本该属于自己的资源，竟然被另一个可恶的女人源源不断地占有了，这直接关系到自己的切身利益，所以女人对此特别在意。

▶ 个人偏见理论

以研究家庭生活中的经济问题著称于世的美国经济学家加里·贝克尔最早提出了个人偏见理论。在这一理论中，他把经济范围内的歧视看作歧视者的一种偏好或者"爱好"，社会上的歧视偏好倾向是指歧视者宁愿放弃生产效率，即最大产出和利润，也要满足这种偏好，这部分人愿意为歧视支付代价或机会成本。

第三章　各出四块五毛钱，我们结婚吧!

　　有人嘲笑经济学家说:"只要教会一只鹦鹉成本与收益，那么它也能成为一个经济学家。"这个笑话虽然讽刺了经济学家，但是也说明了"成本与收益"的重要性。人们做任何事情都要经过考虑，而哪怕是多么欠考虑的人也会首先考虑做一件事情之前该付出的成本与所能得到的收益。婚姻是人生的头等大事之一，当然得考虑一下成本与收益了。但是大多数人都不会真正地计算婚姻的成本与收益。结婚的成本说高也不高，结婚证一共 9 块钱，可是很多人却因为结婚的成本高而结不起婚。那么结的成本到底有哪些呢?收益又何在?本章正是从经济学的角度来分析婚姻的各种成本，好让读者能够更清楚地认识到自己在婚姻中的得与失。

1. 要自由还是要婚姻，这是个问题
——机会成本

> 有没有考虑清楚在得到婚姻的同时，你又丢掉了什么呢？

　　春秋时期，齐国有一户人家的女儿长得十分漂亮，到结婚年龄的时候，两家邻居同时来提亲。东家很有钱，但是儿子长得很丑；而西家的儿子长得帅，但是却很穷。父母一时拿不定主意，就问女儿愿意嫁给哪家的儿子。女儿羞答答地不好意思说。父母就对她说："要是难以启齿，就袒露一只胳膊。嫁东家就露左胳膊，嫁西家就露右胳膊。"结果女儿将两只胳膊都露了出来，父母十分奇怪，就问她原因。漂亮女儿说："想在东家吃饭，到西家住宿。"

　　很显然，齐女的想法永远只是想法，不可能实现"一女嫁二夫"的美好梦想。正如孟子所说："鱼与熊掌不可得兼。"选择了鱼，就必须要放弃得到熊掌的机会，反之亦然。从经济学上来说，这是一个机会成本问题。"机会成本"是经济学中的一个重要概念，又称"选择成本"，简单地解释就是，某种东西的成本是为了得到它所放弃的东西。因为资源的稀缺性，人们就会面临着选择，权衡利弊之后进行取舍。简单地说，某种东西的机会成本就是为了得到它所放弃的东西。虽然在第一章谈到婚姻成本时已经涉及到机会成本。

2008 年，好莱坞上映了一部众星云集的大片《其实你不懂他的心》，片中讲述了几对男女的爱情故事。其中之一是本·阿弗莱克饰演的尼尔与詹妮弗·安妮斯顿饰演的贝丝，两人已经相恋 7 年，但是因为男方的爱自由而一直没有结婚。贝丝想结婚，但是尼尔一直不同意，她也就不再坚持，二人倒也相处得很好。但是后来贝丝听一个"爱情大师"说，如果一个男人跟你在一起很长时间却一直拒绝跟你结婚，那么他就是不爱你。她听信之后就逼尼尔结婚，但是尼尔却坚持不结婚，二人只得分手。尼尔是既想要自由又想要爱情，但是贝丝却想要婚姻，所以尼尔只得在二者之中进行选择，结果只好分手。在这个故事中，要自由就得放弃婚姻，要婚姻就得放弃自由，二者互为机会成本。

经济学家经常用"天下没有免费的午餐"来解释机会成本。想要吃午餐，就要付出放弃在吃午餐的时间里可以做的其他事情。人们无论做什么事情都要付出机会成本，想要得到一种东西，必须要以放弃另一种东西为代价。**在婚姻中也是存在着机会成本的，而且不仅仅是自由自在的生活这一成本**。这是一个十分重要的问题，因为机会成本属于"隐性成本"，对经济学不了解的人不易发现。此外，它还是一个十分重要的成本，因为它几乎会决定一个人衡量婚姻对自己是否必要的标杆。那么婚姻到底有哪些机会成本呢？

首先，结婚就要放弃自由。

得到幸福婚姻的同时，必须放弃很多自由的选择，包括与其他异性的亲密交往，与狐朋狗友的呼杯唤盏、吃五喝六，还必须放弃一部分个人爱好和兴趣。结婚前你有大把的时间用于做自己喜欢的事情，结婚后天天是柴米油盐酱醋茶，天天围着孩子、工作转，为家忙为妻子/丈夫以及孩子忙，几乎没有自己的时间。

其次，得到你，我放弃了全世界。

约会要去 必胜客

　　婚姻的第一个机会成本就是放弃了其他对象的选择。在一夫一妻制之下，无论男女，在笃定一个结婚对象之后，就必须要放弃其他的结婚对象。婚姻是一辈子的事，而选择最适合自己，或者最符合自己利益的对象则是重中之重的问题。假如某女性可以从 A、B、C 3 位男性中选择一个做自己的结婚对象。A 的条件是有房有车，无贷款；B 是有房有车，有贷款；C 是有房无车，有贷款，那么最好的选择当然是 A。

　　那么她的机会成本就是 B，而不是 C，因为她当然不会选择 C。可是后来她发现，A 虽然经济条件最好，但是与自己没有共同话题，个人也没有情趣，而且工作也一般，是一眼就看穿一辈子过什么生活的人；B 的经济条件一般，但是却是一个十分有情调的人，并且跟她志趣相投，对生活充满信心，很有能力，也有发展潜力；C 经济条件相对较差，但是工作却很好，而且近来发了一笔"横财"，买彩票中了 1000 多万。这时她的机会成本就不一样了，因为如果以不同的标准来判断，这 3 个人是互为机会成本的，但是又不能互换。这是决定结婚时要付出的机会成本。

　　再次，事业上的成本。

　　很多人不愿意结婚就是因为结婚之后，无论是时间、心思都要花掉一半在家庭中，肯定会影响到自己的事业。比如说女性，如果你事业成功，再找个温柔体贴的丈夫，可能是锦上添花，但也可能一不小心被婚姻拖垮你的事业，或者担上生活的重负，使你没有心思再去追逐事业的脚步。而男性也不可避免地要应付婚姻中的各种问题：与另一半的相处，对子女的教育，以及与女方有关的社交活动。

　　总之，婚姻是有机会成本的，想要结婚就要做出失去以上"机会成本"的心理准备。如果你认为婚姻的价值要比以上的所有成本大，那么就选择结婚；而如果你认为婚姻的收益小于付出以上成本的所得，那么就选择单身。

▶ 机会成本

机会成本（又称选择成本）指任何决策均必须作出一定的选择，被舍弃掉的选项中的最高价值者即是此次决策的机会成本。机会成本对商业公司来说，可以是在利用一定的时间或资源生产一种商品时，而失去的利用这些资源生产其他最佳替代品的机会，这就是机会成本。例如，农民在获得更多土地时，如果选择养猪就不能选择养鸡，养猪的机会成本就是放弃养鸡的收益。但有些机会成本往往无法用货币衡量，例如，在图书馆看书学习与看电视带来的快乐之间进行选择。

2. 先学会游泳再下水
——增加自己的成本

> 难道结婚也要"没有金刚钻，不揽磁器活"吗？
> 是不是每个漂亮女明星都能嫁给富商大款？

婚姻是需要有一定的资本的。自己的资本越大，在婚姻市场中的竞争力越强，也就越能找到更好的结婚对象，将来的婚姻生活也就更加幸福。所以说，在进入婚姻市场之前先增加自己的成本，不要连一点资本都没有就去参与竞争，不然势必在优胜劣汰的市场规则中败下阵来。

一个年轻漂亮的美国女孩在美国一家大型网上论坛金融版上发表了这样一个帖子：

我怎样才能嫁给有钱人？

"我下面要说的都是心里话。本人 25 岁，非常漂亮，是那种让人惊艳的漂亮，谈吐文雅，有品位，想嫁给年薪 50 万美元的人。也许有人会说我贪心，但在纽约年薪 100 万才算是中产，本人的要求其实不高。

这个版上有没有年薪超过 50 万的人？美女们都结婚了吗？我想请教各位一个问题——怎样才能嫁给这样的有钱人？我约会过的人中，最有钱的年薪 25 万，这似乎是我的上限。要住进纽约中心公园以西的高尚住宅区，年薪 25 万远远不够。我是来诚心诚意请教的。有几个具体的问题：

一　有钱的单身汉一般都在哪里消磨时光？（请列出酒吧、饭店、健身房的名字和详细地址。）

二　我应该把目标定在哪个年龄段？

三　为什么有些富豪的妻子看起来相貌平平？我见过有些女孩，长相如同白开水，毫无吸引人的地方，但她们却能嫁入豪门。而单身酒吧里那些迷死人的美女却运气不佳。

四　美女们怎么决定谁能做妻子，谁只能做女朋友？（我现在的目标是结婚。）

下面是一个华尔街投资专家的回帖：

亲爱的女士：我怀着极大的兴趣看完了贵帖，相信不少女士也有跟美女类似的疑问。让我以一个投资专家的身份，对美女的处境做一下分析。我年薪超过 50 万，符合美女的择偶标准，所以请相信我并不是在浪费大家的时间。

从生意人的角度来看，跟美女结婚是个糟糕的经营决策，道理再明白不过，请听我解释。抛开细枝末节，美女所说的其实是一笔简单的"财""貌"交易：甲方提供迷人的外表，乙方出钱，公平交易，童叟无欺。但是，这里有个致命的问题，美女的美貌会消逝，但我的钱却不会无缘无故减少。事实上，我的收入很可能会逐年递增，而美女不可能一年比一年漂亮。

因此，从经济学的角度讲，我是增值资产，美女是贬值资产，不但贬值，而且是加速贬值！美女现在 25 岁，在未来的 5 年里，美女仍可以保持窈窕的身段，俏丽的容貌，虽然每年略有退步。但美貌消逝的速度会越来越快，如果它是美女仅有的资产，10 年以后美女的价值堪忧。

用华尔街术语说，每笔交易都有一个仓位，跟美女交往属于"交易仓位"，一旦价值下跌就要立即抛售，而不宜长期持有——也就是美女想要的婚姻。听起来很残忍，但对一件会加速贬值的物资，明智的选择是租赁，而不是购入。年薪能超过 50 万的人，当然都不是傻瓜，因此我们只会跟美女交往，但不会跟美女结婚。所以我劝美女不要苦苦寻找嫁给有钱人的秘方。顺便说一句，美女倒可以想办法把自己变成年薪 50 万的人，这比碰到一个有钱的傻瓜的胜算要大。

希望我的回帖能对美女有帮助。如果美女对"租赁"感兴趣，请跟我联系。

　　嫁个有钱人是很多年轻女子梦寐以求的事。但是正如这个企业家的回复，"想办法把自己变成年薪50万的人，这比碰到一个有钱的傻瓜的胜算要大"，尽管确有极少数人能够如愿。很多人，尤其是一些年轻的女性，常用"自古红颜多薄命"来嗟叹命运对自己的不公。实际上，红颜薄命往往是因为女性朋友把自己看得太高了，就像这个帖子中的美女，以为美貌就一定能够钓得金龟婿。谁都不可能"驻颜有术"，永葆青春，美貌是一种贬值物品。正如这个企业家所说的，从经济学上来讲，美貌这种东西如果要当成商品的话，只能租用，而不能购买。

　　经济学家假设每个人都是理性的，认为人们在做出经济行为，或者与经济有关的决策时，往往会从自身的经济利益出发。因此，一个想拥有美貌这种商品的人必然会考虑到其贬值的必然结果。这就决定了他不可能会与美女结婚，落得最后在美貌贬值之后，不能抛售的下场。

　　从成本与收益的角度来考虑，一个有钱人也不会只因为美貌就决定跟某个女子结婚。婚姻跟爱情是两回事。因为**婚姻中需要的不是美貌，而是性格的相投，志趣的相近，对于一个男人来说，需要的一个女人是能够给自己帮助的，至少能够在心理上能够给予安慰与鼓励的，有时候还需要对方能够给自己出出主意。**而空有美貌、没有脑子的女子是不可能提供这些需求的。如果得不到这种收益，人们是不可能投入成本的。发这个帖子的美女之所以发现有一些富豪的妻子并不是美貌女子，而只不过是相貌平平的人，也是因为这些女子有富豪们所需要的一些美貌以外的、比美貌更重要的条件。他们与这些人结婚是因为其达到了成本与收益的平衡，购买到的东西不是贬值的，甚至是升值的。所以说，之所以说美貌并不是很好

的资本，是因为美貌是打折商品，没有人愿意为之长期买单。

而年轻的女子从这个帖子中也应该懂得一个道理：美貌固然是重要的，至少能够吸引更多的人，但是更重要的是要提高自己的硬件条件，使自己成为一个优秀的人才，而不是一朵会慢慢凋谢的花。只有这样，才能嫁个有钱人，或者嫁给自己理想中的男人，才能成功地将自己推销出去，并且有长久的经济效益。

▶ 商品贬值

商品贬值是指商品的价值降低。从商品贬值的概念上看，有实质性贬值、功能性贬值和经济性贬值之分。实质性贬值是指由于使用磨损和自然损耗造成的贬值，功能性贬值是指由于技术相对落后造成的贬值，经济性贬值是指由于外部经济环境变化引起的贬值。

3. 如何看待对方情感经历太多 ——沉没成本

> 不论分手，还是结婚，都要付出不可收回的成本？

有人乘船从海上经过，突然刮了一阵风，把他的帽子吹到海里去了。这个人却像什么都没发生一样，仍然在那里低着头看报纸。有人就提醒他说："先生，您的帽子被风吹到海里去了。"那位先生说："是呀，我知道帽子被风吹到海里去了。"说完继续看他的报纸。提醒他的人很惊讶地问："你的帽子可是新买的，据我所知要值好几十美元吧？怎么你好像一点也不心疼啊？"那位先生说："我怎么能不心疼呢？我只是在想，应该怎样省钱再买顶新的。帽子丢了是心疼，可是心疼也不能把帽子找回来，不如想办法再买顶新的好。"

帽子丢到海里去了，不可能再捞回来，为此而痛苦、而伤心都是没有用的，索性不去管他，而是想着如何再去买一顶新的。这个人真可谓智者，也可能是学过经济学的人，因为他无形中运用了将沉没成本不予考虑的思考方式。

所谓"沉没成本"，简单地说就是指打翻了的牛奶。经济学上的解释为：由于过去的决策已经发生了的、而不能由现在或将来的任何决策改变的成本。人们在决定是否去做一件事情的时候，不仅是看这件事对自己有没有好处，而且也看过去是不是已经在这件事情上有过投入。我们把这些已经发生、不可收回的支出，如时间、金钱、精力等称为"沉没成本"。

举例来说，如果你预订了一张电影票，已经付了票款且假设不能退票。此时你付的价钱已经不能收回，就算你不看电影钱也收不回来，电影票的价钱算作你的沉没成本。在婚姻中其实也是存在着沉没成本的，而且这种沉没成本往往对人们在婚姻中的选择起着很重要的作用。

年轻的周某因为工作原因认识一个女子。这个女子简直就是为他设计的：身材、相貌都符合他的要求，年龄也跟他相仿，而且知书达理，善解人意，个人能力也非常强。他完全被这个女子迷住了，不顾一切地展开了猛烈的攻势，后来终于攻下了这座碉堡。两人相处一段时间之后，周某对该女子更加满意，而该女子对他也是情真意切，不久两人就开始谈婚论嫁。但是就在快要结婚的时候，周某却宣布他们二人因为性格不合而分手了。周某的朋友对此非常不理解，因为就他对二人的了解，感觉两个人的性格可以说是非常契合，志趣也相投，简直就是天作一双，地造一对。后来他才知道，原来就在准备去领结婚证的时候，女方告诉了他自己的情感经历。结果一下子周某就受不了了，因为女方的情感经历实在是太丰富了，居然有过三个男朋友。周某是个观念比较传统的人，所以就坚决选择分手。

实际上有不少的人因为感情经历过于丰富而在婚姻市场中遭到不平等的对待。情感经历从经济学上来讲便是沉没成本，是已经打翻了的牛奶。只要一个人是自爱的，那么他/她的情感经历丰富与否都应该是不重要的，因为他/她有这么多的情感经历是因为其对婚姻的渴求迫切，只不过遇到的人都不是其所愿意共度一生的对象，因此才有了比较多的情感经历。

其实情感经历完全是一种过去了的沉没成本，根本不必在意，因为男女双方面对的是将来，而不是过去。过去的事情当然对现在有影响，但却是几乎可以忽略不计的。**因为结婚看的不是个人的经历，而是一个人是否适合你，是不是你那杯茶，如果对方正是你那中意的人，那么就不要在乎这些沉没成本。**

如果你花了40块钱买了一张今晚的电影票，准备晚上去电影院看电影，不想临出门时天空突然下起大雨。如果执意要去看这场电影，你不仅要来回打车，增加额外的支出，而且还可能面临着被大雨淋透、发烧感冒的风险，不免还要花些吃药打针的成本费用。而如果不去则会是损失 40 块钱。一个理性的人此时的明智选择就是不再去看这场电影。如果你能够在这种事情发生时做出明智的选择，那么你就没有必要再在意他人较多的情感经历，因为这都属于沉没成本。正如有男人所说：如果你真的爱你的老婆，请别在意她的过去，因为那时她还不认识你。只要你们在一起的日子没有背叛就行了。爱情，真正的爱情可以包容一切。"况且如果对方最终选择了你，那么说明你有过人之处，肯定要比其他的人好，有一定情感经历的对方会更加在乎你，这也可以说是情感经历多一点的增值优势。

实际上，周某在意女方的过去，选择了分手也是要付出成本的。至少他在与女方交往时花费的时间、金钱以及精力等等都是无法收回的，而这也将会因为他的分手选择而成为"沉没成本"。

▶ 沉没成本

沉没成本是指由于过去的决策已经发生了的、而不能由现在或将来的任何决策改变的成本。人们在决定是否去做一件事情的时候，不仅是看这件事对自己有没有好处，而且也看过去是不是已经在这件事情上有过投入。我们把这些已经发生、不可收回的支出，如时间、金钱、精力等称为"沉没成本"。在商业决策制定过程中会用到"沉没成本"（Sunk cost）的概念，代指已经付出且不可收回的成本。

4. 相亲约会记得去必胜客
——交易成本

> 相亲不就是见个面嘛，有必要那么麻烦吗？

　　有人坐了 24 小时的火车到深圳去相亲。卧铺 600 多元，请了 4 天的假。他请她吃饭。她带着哥哥、嫂子、侄子，一帮人开着车来。于是，他也带上了几个朋友助阵。去时买了 100 多块钱的鲜花，选了个中档的餐厅，点了十几个菜，红酒、饮料。最后结账 600 多元，饭后又单独与女方去喝咖啡，又花了 200 多元。第二天女方又主动约他出去玩。中午两个人又去必胜客"坐"了一下，消费又 200 多元，之后就再也没有了联系。

　　事后他算了一下明面上的相亲成本：来回路费 1200 多元，买花 100 多元，吃饭 600 多元，喝咖啡 200 多元，去必胜客花了 200 多元，还有误工费 500 多元，总共 2800 多元，结果却竹篮打水一场空。2009 年年初，某报曾刊登过一篇《多名富豪每人花费 20888 元参加相亲派对》的文章，仅仅报名就要付出 2 万多元的成本。当然，这也许是富人们玩的游戏，但是普通人相亲也是要付出成本的。

　　从经济学的角度来说，为了完成市场交易活动所付出的成本被称为"交易成本"。交易成本又称交易费用，是由 1937 年的诺贝尔经济学奖得主、美国经济学家科斯提出的。他在《企业的性质》一文中认为交易成本是"通过价格机制组织生产的、最明显的成本，就是所有发现相对价格的成本"、"市场上发生的每一笔交易的谈判和签约的费用"及利用价格机制存在的其他方面的成本。所谓交易成本，就是在一定的社会关系中，人们自愿交往、彼此合作达成交易所支付的成本，也即人—人关系成本。从本质上说，有人类交往互换活动，就会有交易成本，它是人类社会生活中一个不可分割的组成部分。

总的来说，可以简单地将交易成本分为以下 6 个方面：

一　搜寻成本：商品信息与交易对象信息的搜集。

二　信息成本：取得交易对象信息与和交易对象进行信息交换所需的成本。

三　议价成本：针对契约、价格、品质讨价还价的成本。

四　决策成本：进行相关决策与签订契约所需的内部成本。

五　监督交易进行的成本：监督交易对象是否依照契约内容进行交易的成本，例如追踪产品、监督、验货等。

六、违约成本：违约时所需付出的事后成本。

相亲或者约会是为了完成市场交易活动——婚姻——而付出的成本，也是"在一定的社会关系中，人们自愿交往、彼此合作达成交易所支付的成本，也即人—人关系成本"，所以说，它也是一种交易成本，并且也具备以上 6 个方面的成本。

一　搜寻成本：商品信息与交易对象信息的搜集。

不管你是穷二代、富二代，还是权二代，不论你是帅（美）到惊动党中央，还是丑到白天不敢出门，天上都不可能掉下个林妹妹。如果你想要结婚，就得寻找结婚的对象，进行"商品信息与交易对象信息的搜集"。也许你会通过朋友、同学的介绍来结交异性，或者你会到婚介所去登记，或者到网站注册，而这一切都是要付出成本的，也就是"搜寻成本"。

二　信息成本：取得交易对象信息和与交易对象进行信息交换所需的成本。

当你在完成商品信息与交易对象信息的搜集后，还要付出自己的信息成本，也就是要付出"取得交易对象信息和与交易对象进行信息交换所需的成本"。比如为了相互了解，你们要多次见面，见面不能只是在大马路上晒太阳，至不济也得喝杯茶，或者到咖啡厅里去坐坐，而这当然也是要付出一定成本的。你要与对方见面，还在没确立关系的情况下，当然想要把自己最光彩的一面展示出来了。所以，好看的衣服要买几件吧，对于女性来说，可能还要置办一些化妆品等等。为了要讨好对方，还需要送点礼物，一起去游乐场所玩玩等等，也需要付出一定的费用。你要了解对方，可能还需要通过对方的朋友、同事等等，而从他们那里获取信息也不可能是免费的。

三　议价成本：针对契约、价格、品质讨价还价的成本。

在有了一定的了解之后，就要决定是否确立关系。而每个人对婚姻都是有所求的，也就是说有一些要求必须得到满足才能确立关系，这些要求也可以说是契约。两方各提出自己的契约，然后会对此进行价格、品质的讨论。如果能够达成共识，都觉得合适就会确立关系，否则就会散伙，相亲或者约会到此结束。

四　决策成本：进行相关决策与签订契约所需的内部成本。

当双方对契约达成协议之后，还要对契约的履行步骤进行协商。比如说双方一致认为必须买房之后再结婚，那么就必须去找房子，看房子，对房市进行相当的了解，还要考虑到房子带来的其他方面的影响，比如与工作的关系，与银行的关系等等。诸如此类的成本也是要付出的。

五　监督交易进行的成本：监督交易对象是否依照契约内容进行交易的成本。

契约签订之后并不是所有的人都会按质按量地履行，这就需要进行监督，对对方履行契约进行监督。还是以买房为例，有一些女性会遇到男方许诺在婚后买房，但是结婚之后对方却迟迟不肯履行契约、一直不买房的现象。这就是监督交易成本出了问题。所以，一定要注意监督交易对象是否依照契约内容进行交易的成本。

六　违约成本：违约时所需付出的事后成本。

此外，如果一方违约而导致婚姻交易出现问题，那么违约方如果想要挽回就要付出一定的代价，不仅要履行契约，还要进行补偿，这些成本便是违约时所需要付出的事后成本。而如果因为违约而造成婚姻交易的最终失败，那么以上所有付出的成本都会成为沉没成本。

总之，相亲约会不仅需要有一定的成本，有一定的经济基础，还需要付出一定的交易成本，而交易成本有时候往往是决定婚姻交易能否成功的关键因素。

▶ 交易成本

交易成本又称交易费用。交易成本理论是由诺贝尔经济学奖得主科斯所提出。交易成本指达成一笔交易所要花费的成本，也指买卖过程中所花费的全部时间和货币成本，包括传播信息、广告、与市场有关的运输以及谈判、协商、签约、合约执行的监督等活动所费的成本。

5. 为什么很多人婚姻不幸却不离婚
——亏损大于收益

> 过不到一块儿去，为什么还不离婚？

几年前有一部很火热的电视剧《中国式离婚》，讲的就是夫妻二人关系已经非常僵了，但是却一直没有离婚。该剧的制片人朱质冰说："我周围有很多关于情感的痛苦与不幸，但是因为历史、风俗、社会道德等因素，很多人'想离离不了'，这就是中国式的离婚。因为在很多人眼里，离婚是不道德的，还有孩子等等外因，牵一发而动全身，离婚在中国并不是那么简单的事。离还是不离已经成为一个道德问题了。"主演陈道明在接受记者采访时称，《中国式离婚》就是"想离却离不了的婚姻"，"按照传统的观点来看，中国式婚姻的最高境界是'白头偕老'，为了达到这个境界，很多人维护着并不合适的婚姻，重则忍辱负重，轻则忍气吞声，有种痛苦是中国人说不出来的。"

作家葛红兵在《我的N种生活》中说："以前人们将婚姻当作目的，而现在似乎人们发现了婚姻的本质：婚姻只是达到幸福生活的手段；如果没有幸福的生活，婚姻又有什么意义呢？"但是实际上，虽然现在中国人的离婚率越来越高了，但是还是有很多人婚姻不幸福，但是却像《中国式离婚》中的宋建平、林小枫夫妇一样誓死不离婚。

很多人不离婚除了因为道德问题，其实还有着一定的经济学原因的。孙飞虎是一个小律师，与妻子一起在城市里打拼，供楼、供车。他的挚友赵威身家千万，正当年轻，是个钻石王老五。在孙飞虎的妻子看来，这样一个单身汉，在这个女多男少、女强男弱的城市里，简直是最大的资源闲置。于是她为赵威张罗了无数次相亲，找来了十几位又寂寞又美丽的女子。赵威来者不拒，但是每次相亲，他都很坦白地说明，他只恋爱，不会考虑结婚，这句话吓走了所有的应征者。赵威坦言，当他还是一个贫穷的理想青年时，他一心想先立业、再成家，把最好的献给自己最爱的女人。可是当他一不小心成了新贵以后，却发现结婚就是把自己的一半财产拱手送人，一旦离婚，血本无归，这无疑是一桩亏损最大的生意。

孙飞虎的妻子听了赵威的话后，以为很多人都会因此而不结婚了。但是没想到，第二天就听说孙飞虎事务所的司机结婚了。她问司机，你每月这点工资，结婚你可负担得起？司机答，正因为收入太低，才急需结婚，两个人合伙才能买房交按揭。

这时孙飞虎正受一个中学同学之托，为他处理离婚的财产分割。这个同学是个工薪阶层，可怜为了几十万的一套房子和十几万的存款，夫妻俩几乎打破了头。可是折腾了两年，就在签离婚协议之前，孙飞虎的同学突然意识到，如果他从此每月租房子，再加上支付孩子的抚养费，工资就一点儿也不剩了，最好的选择竟然是持续形同虚设的婚姻。而同时他的一位客户却办理了离婚手续。5套房子，3

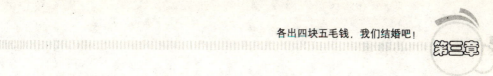

套给老婆和孩子，再加上二百多万的现金，一次性了断了赡养费，只用了两个星期，他就变回了钻石王老五。

人们在婚姻不幸福时，离不离婚有时候不是由情感决定的，而是由离婚的成本来决定的。通常情况下，从经济学的角度来分析，离婚的成本一般包括以下几个方面：

财产分割：夫妻财产一人一半，存款要分一半，投资要分一半，房子要分一半，汽车也要分一半，总之，所有能卖钱的都要分出一半来给对方，财产必须要分割一半给对方。

诉讼费用：法院的诉讼费是有标准的，财产不满 1 万元的离婚案子，诉讼费用是 50 元，如果超过这一底线，按照财产总额收取诉讼费。

法院调查取证费用：如果一方存心隐匿夫妻共有的财产，另一方可向法院提出调查取证。法院可以到银行调查对方的存款账户或是证券公司的股票账户。法院的劳务付出是需要支付一定的费用的。

律师费用：到法院离婚者，一般都得请律师。离婚的律师费用最低的是 1000～2000 元，按照双方的财产多少，律师费也按比例收取，财产越多，比例越低，大概是在 1％～2％左右。如果是二次诉讼，就得准备两笔律师费用。

抚养费：如果没有孩子，这笔费用就不存在；有孩子的话，一方须支付给带孩子一方抚养费用，一般是工资的 20％～30％。

误工费用：如果双方都同意离婚的话，误工费用不多，一次开庭解决，请两天假即可，其中半天请律师，半天交诉状，一天是开庭；如果一方铁定要离，一方不肯离，这样的话，离婚需要的时间就更多，误工费也就更多。

人情费用：在离婚的过程中，许多事情肯定需要他人进行帮忙，要亏欠人情，这些人情是一定要还的，所以还要付出一定的人情费用，至少要请别人吃饭以表感谢。

租房费用：正闹离婚的两人不可能还在一起，肯定有一方要另觅住处，如果父母不收留，又没有多余的房子，在离婚时就得在外租房子住，这笔费用也是不少的。

在计算好所有的离婚成本之后，再考虑到离婚后所带来的收益，就可以得出离婚与否的结论了。因此，有些人不离婚是因为离婚之后，自己的生活还不如维持半死不活的婚姻好。因为离婚丢失的不仅是一个"已婚"的身份、那共同打拼得来的"家"、两个人共有的"宝贝"、自己的青春岁月、共同的回忆，更重要的是要付出巨大的经济损失，而巨大的一笔账则正是其不能负担的。这就是为什么很多人明明婚姻不幸福，却坚决不离婚的经济学原因。

▶ 卢卡斯的女巫前妻：

1989 年，经济学家罗伯特·卢卡斯与其妻子离婚。在离婚时，他妻子提出了一个要求：如果他能够在 1995 年年底之前获得诺贝尔经济学奖，她将分得一半的奖金。卢卡斯想都没想就答应了。到 1995 年年中的时候，他依然没有获得诺贝尔奖，但是就在 10 月 10 日，离约定日期还有 80 多天的时候，瑞典皇家科学院宣布，把该年度的诺贝尔经济学奖授予美国芝加哥大学教授罗伯特·卢卡斯，以表彰他对"理性预期他假说的应用和发展"所作的贡献。卢卡斯只好极不情愿地按照当初的承诺，把奖金分给了他前妻一半。

6. 做家庭主妇，还是做职场女性
——合伙制企业

> 家庭主妇难道就不创造经济价值？

1980 年，美国女性特里·海克尔出了一本名为《自亚当和夏娃以来》的畅销书。当时女权主义正处于复兴阶段，职业女性纷纷离开厨房，走向前台。海克尔是守旧家庭观念的积极拥护者，走上了"家庭主妇"的道路，认为自己与那些在事业上崭露头角的女银行家、女老板和女主管等职业女性的选择一样正确。她的书销量不错，本人还频繁出现在各大电视台黄金时段的聊天节目中，并在全国进行巡回演讲。25 年后，她再次走进电视节目，但是给美国年轻女性的建议却完全不同。她依旧相信妻子打扫房间、抚养孩子是值得的，但已不再幻想天荒地老的婚姻。她笑着说："离婚只是意味着一扇门关上了。"她完全否定了自己原来的角色，因为她的丈夫在他们结婚40 年之际抛给她一纸离婚协议。海克尔将自己的青春年华全部奉献给了家庭，照顾丈夫，抚养 5 个孩子。离婚令她不得不独自面对一个未知世界，尤其在经济上，由于缺乏工作技能，她几乎失去了收入来源。为了修屋顶，海克尔还将订婚戒指卖了，而就在海克尔为生计一筹莫展时，前夫却携新欢在墨西哥度假，二人的境遇简直有天壤之别。而《纽约时报》将她的遭遇报道后，她在 48 小时内收到了上百封电子邮件和电话，这些邮件和电话全部来自美国各地与她有相似遭遇的妇女。

每个人，不论男女，在结婚之前都会有自己的职业，这不仅是个人的生存之根本，在婚姻市场中，职业的好坏甚至是其能否在竞争中取胜的重要砝码之一，更遑论职业之有无了。但是在结婚之后，很多人的职业会起变化，尤其是对于一些女性来说，很多人在结婚之后会选择做家庭主妇。

婚姻建立之后的双方可以算是一个最小规模的合伙制企业。所谓合伙制企业，是指由几个人共同所有并共同经营的企业。从法律上说，合伙制企业属于无限责任，即共同所有的每一个所有者都要对企业承担完全责任。在合伙制企业中，无论每个人出资多少，作为合伙人，每个人在企业内部的权力是平等的。由于个人能力与资金投入的不同，很容易会引起合伙人之间在利益和决策上的冲突。由于没有一种机制可以协调冲突——清官难断家务事，许多家庭会因为冲突而解散，企业散伙破产。

合伙制企业通常的规律是，刚开始创业时，由血缘关系联系在一起的各个家族成员共同努力，具有"打虎亲兄弟，上阵父子兵"的优势。相互之间的信任和亲情，使企业具有凝聚力。而且这时企业规模小，利益和决策的矛盾并不突出。但当企业做大之后，由于每个人的能力不同，对企业的贡献不同，而且对企业发展的看法也不同，这些矛盾就会逐渐突出，并成为企业进一步发展的制约了。**家庭是最小规模的合伙制企业，所以也难免会出现这种情况。随着夫妻之间的关系因边际效用的递减而失去激情，生活趋于平淡之后，就会出现问题，双方或者一方可能会抱怨自己对家庭付出的多，而得到的却少，对方则正好相反，家庭矛盾就会出现。**

　　家庭成员像合伙制企业中的合伙人一样将自己的工作所得投入到家庭这一企业中来，同时在一定程度上根据其投资的多少来决定其在家庭中的地位。因为各人的收入不同，所以对家庭的资本投入当然就不同了，结果就难免会产生冲突。既然经济基础决定自己在家庭中的地位，那么到底是做家庭主妇，还是做职业女性就成为一个摆在广大婚后女性面前的重要问题之一。

　　从经济收入的角度来看，很多人尤其是男性，认为家庭主妇不创造价值，所以就在家庭中以"主人翁"的地位自居，对女性极不尊重。正因如此，当2010年两会期间的政协委员张晓梅提议"丈夫应给做家务的妻子发工资"时，遭到了很多网络男暴民的猛烈攻击，这些人都认为做家务是应该的，而且是没有价值的。也许正是因为很多人都持这种观点，所以做家庭主妇的人越来越少了。其实这种做法是错误的，至少家庭主妇是创造价值的。

　　2001年"9·11"事件之后，美国联邦政府赔偿基金规定的遇害者赔偿办法据说有很大差别：如果遇害者是家庭妇女，她的丈夫和孩子能得到50万美元的赔偿；如果遇害者是华尔街经纪人，他的妻子和孩子却能得到430万美元。这种差距招致许多受害者家属的强烈抗议，美国政府被迫承诺修改赔偿金发放办法。实际上，家庭妇女当然是创造价值的，因为家庭妇女一般所做的家务劳动，恰恰是社会运转系统中不可缺少的重要部分。试想一下，如果那些华尔街股票经纪人的家庭中没有人来帮忙料理家务的话，那么他就很难安心地创造价值。可是家庭妇女的家务劳动往往被忽视的，因为家庭妇女的劳动并没有具体的物质价值来衡量它。华尔街经纪人的价值可以用他一年所赚取的钱来衡量，而家庭妇女的劳动并没有具体的工资数。在当今的社会上，如果没有具体的资金来衡量自己所创造的价值的话，那么价值往往是会被忽视的，至少从经济学上来讲家庭主妇的价值往往没有得到人们的重视。

从分工的道理来看，家庭妇女做家务一般要比丈夫强，所以就负责做家务。因为家庭主妇不出去工作，有更多的时间做家务，因此其机会成本就会比家庭中需要去工作的人低很多。也就是说，其创造的价值也就会被低估了。家庭主妇创造的价值在分工之后，会因专业化投资而加强。因为每个人的偏好不同，而家庭主妇所从事的工作主要是持家。拿做饭来说，家庭主妇主要是为丈夫与子女提供服务。她所创造的价值也就从消费者的偏好出发，来满足他们的需求。由此可以说，家庭主妇所创造的价值是难以衡量的。对于她的家庭来说，她所创造的价值是巨大的。

家庭主妇在自己家庭中的价值包括保姆的价值，但是又远远大于保姆的价值。家庭主妇在自己的家庭中除了对家人进行照顾之外，还负责其他的一些事情。比如子女的教育，家庭关系的维护，家庭开支的预算与支配等等。另外，家庭妇女在照顾自己的家庭时是会倾注感情的，而保姆当然也可能会有感情，但是显然不能与家庭妇女对自己家的家庭所投入的感情相提并论。劳动的价值是可以衡量的，但是感情的价值是不可能衡量的。

总之，家庭主妇创造社会价值是无疑的，但是她所创造的价值也是"无价"的，对于自己的家庭来说有着很大的价值，而对于其他人的家庭来说（如果交易的话），却没有太大的价值，所以说，这是很难用金钱来进行衡量的。可是由于大多数人因为家庭主妇没有具体的资金投入到家庭中来，而且还要花丈夫的钱，所以就认为其劳动根本没有什么价值。而正是因为这样，所以女性便越来越不愿意当家庭主妇了。

当然，如果家庭这一合伙制企业中的经济条件允许的话，女方停止工作去做家庭主妇，会对家庭有很大的好处。但是，从女性自身来说未必是好事。因为家庭也如合伙制企业一样，也会面临着破产的危机。而一旦家庭破产，长期做家庭主妇的女性因为与职场的长期隔绝而会失去生存的能力，就会像特里·海克尔一样遭遇困境。所以说，很多女性并不愿意做家庭主妇，并不是因为家庭要靠她来赚钱，而是为了要在家庭这一合伙制企业中维护自己的地位，并且防止企业在破产之后自己陷入可怕的境地。

合伙制企业

　　合伙制企业是指两人以上按照协议投资，共同经营、共负盈亏的企业。合伙制企业财产由全体合伙人共有，共同经营，合伙人对企业债务承担连带无限清偿责任。

7. 男人越老越有竞争力，女人越成熟却更无法好好工作——社会分工

> 职业女性最大的门坎在哪里？

　　2008 年年初开始，中国上海社会科学院社会学研究所进行了一

场历经一年的中国婚姻质量调查。这项调查对上海、甘肃、广州和哈尔滨 4 个地方各 800 对夫妻进行了问卷调查。

其中关于年龄的调查研究成果显示：妻子年龄大于丈夫 3 岁的占 1.8％，大 1 岁～3 岁的占 12.2％，夫妻年龄相同或丈夫大于妻子 1 岁～3 岁的最多，达 56.8％，丈夫大妻子 6 岁以上的，也有 8.4％。

从以上的调查结果可以看出，女性的结婚年龄要小于男性。可以说，女人通常都早婚，男人一般会晚婚。女人为什么要早婚，男人为什么会晚婚呢？因为男人越大越受欢迎，到了 30 还会像一朵花一样，而女人越大越不受欢迎，到了 30 就有些开始衰老了。这是由于男女生理的不同造成的。由于生理的不同，决定了女性一般要比男性早婚，所以就会呈现婚姻关系中男大于女占多数的现象。

我们在前面也一再重申，随着社会的不断进步，人类的工作越来越需要智慧，一些依靠体力的劳动几乎被机器所代替，在这种情况下，男女的工作能力越来越趋于平衡。现在有些女性在工作中的表现不亚于甚至是强于男性，按说从经济学角度来考虑，女性与男性的地位是平等的，但其实并不尽然。

无论社会如何进步，无论女性的能力如何与男性竞比高，女性还是会处于劣势的。因为历史的原因，现在整个社会还是男权社会，也就是说，男性在社会中所占的主体位置要比女性多。如果把整个社会看做一个企业，那么这个企业的企业文化就是男性占社会的主体，女性不到半边天。在这种企业文化之下，**虽然女性能够胜任男性的所有职业，但是因为男权社会的原因，对于同等岗位、同等能力的人来说，人们普遍更加认可男性，更加愿意接受男性。从这一方面说，男性要比女性在社会中更加游刃有余，更加有增值的可能。**

此外，还有一项使女性在事业发展中遭遇障碍的重要原因：生育。2008 年，复旦大学发布了一项《女性大学生求职和职业规划调查》。调查显示：性别歧视已逐渐消失，但是生育成为女性事业发展的一道坎。85％的适婚年龄女性受访者认为，生育是其隐性的职业障碍，而这个问题则是不可避免的。

一位毕业于复旦大学国际经济与贸易专业的女生在工作 5 年后，成为某企业高级管理层的成员之一。某天，她迎来了一个升迁的机会，竞争者还有另外两个男同事。论工作绩效和专业素养，她明显胜出一筹。可最后她非但没有晋升，还被调到了一个闲职上。事后得知，决策层在讨论人选时认为她到了生孩子的年纪，可能会影响工作。还有一位高级白领女性在怀孕之后差点遭到公司解雇，后经力争方才保住饭碗，但是却被安排去做清洁工。大多数女性在结婚之后都是想要当妈妈的，但是生育会对工作产生很大的影响，太晚生育对自己对孩子都不好。因此，女性在事业上常常因为生育而受阻，而还有很多人在生育之后，便把自己的所有心思都放在子女身上，根本无法去为事业而拼斗了，再加上不注意提高自己的个人能力，所以在职场中的竞争力就必然会不断下降。

随着女性在家庭中的地位转变，由妻子变成妻子与母亲，她的职业选择也会有所变化，因此就会导致其职业生涯有着重大的变化。而社会分工也会因此而有所改变，所以对女性也会越来越不利。既然此消，那么必然引发彼长，男性在职场中会更占有优势。这种情况对女性极为不公平，但是却又无可奈何。中国虽然也有丁克一族，但毕竟是少数，结婚必然会生育后代，所以有一些事业心比较强的职业女性便迟迟不敢结婚。

职业女性大多有相似的经历：23 岁左右大学毕业，27 岁左右结婚，30 岁上下的已婚女白领已开始考虑关于孩子的问题了。对于一般女性来说，这似乎是顺理成章的事，但是企业女性特有的工作压力已使她们不敢随随便便去要孩子了。

31 岁的纪菲是一家日资公司销售部主管。她在公司苦干了 6 年才坐到了今天这个位子。看着同龄人都一个个做起了母亲，享受起了三口之家的温馨，她也很羡慕，但考虑到自己的工作性质，从怀孕到生孩子起码会耽误 3 个月的上班时间。也许待她享受完产假回去上班，位置已被人代替了，难道自己还要从头做起不成？即使原来的位置保留住了，几个月未联系的客户也许都丢失了，一切从头再来也是不可能的。所以她虽然结了婚，但是一直不敢生育。

某合资公司的孙小姐为了鱼和熊掌兼得，既保住自己高级行政秘书的职位，又能抱上自己的孩子，一直坚持到产前 3 天才请假，产后 4 日她便像没事人一样又出现在公司里，让家里几位老人整日提心吊胆的。她颇无奈地说："我也想多休息一段时间，但万一几个月后我面临再就业的话，损失就更大了。其实在国外人家根本就没有坐月子之说，我也只能这样自我安慰吧。"

实际上，像开始的那位复旦大学女毕业生一样遭遇"孕事"的不在少数，这也使得很多女性不敢结婚，不愿意结婚。但是大多数女性还是会选择结婚、生育的，而这必然要以放弃职业生涯为代价。当然，极少数独立女性意识比较强的人可能会为了事业而放弃婚姻，但是在中国这种"男大当婚，女大当嫁"观念根深蒂固的环境下，想要做这样的女性必须要顶住各方的巨大压力。

社会分工

社会分工是指随着生产力的发展，在家庭内部纯生理的

自然分工基础上，随着共同体的扩大，在社会范围内形成的自然地域分工，在相互接触时引起了产品的相互交换并使产品变成了商品，这样就使具有不同条件的氏族从事活动的不同领域，逐渐变成社会生产过程中具有某些相互依赖关系的生产部门。

8. 婚姻应该用来做什么
——使用价值

> 婚姻应该如何"使用"才是正确的呢？

《庄子》中讲述了一则故事。惠施对庄子说：魏王送给我一粒大葫芦种子，我把它种了下去，没想到培育出来的葫芦太大了，竟然能在里面存放五石粮食。我想用它来存水，可是它的皮太脆，没有力量承受；我把它剖开当瓢用，可是它太大，没有水缸能够容纳它。所以我一生气，就把它给砸碎了。

庄子笑着说：以我之见，不是瓢大而无用，而是你不懂得如何使用。您没有听说过吗，过去宋国有一个人，善于配制治疗皲手的药，正因为有这种技能，所以他家世世代代都在从事漂洗纱絮的工作。有一位南方的客人听说这件事后想花百方金子买他家的药方，这个家族的人聚在一起商量起来。大家都说：我们家世世代代从事漂洗纱絮的工作，一年下来顶多不过挣几方金子。现在只是出卖治疗皲手的药方就能得到百方金子，这么好的事情哪有不做的道理呢？于是便把药方卖给了客人。那位客人将这药方献给了吴国的国王。后来，吴国与越国进行水战，用这个方子制药，涂在手上防冻裂，而越国将士却个个皮裂指肿，难以使用兵器，结果被吴军打得大败而逃，最后只好向吴国求降割地。

庄子接着重点论述了大瓢的使用价值，大瓢不能存放粮食，不能当普通的瓢用，但是仍旧有它的使用价值，比如可以做成小舟。简单来说，使用价值就是能满足人们某种需要的物品的效用，如粮食能充饥，衣服能御寒。使用价值是商品的基本属性之一，是价值的物质承担者，是形成社会财富的物质内容。商品的使用价值是指能够满足人们某种需要的属性。使用价值是一切商品都具有的共同属性之一。任何物品要想成为商品都必须具有可供人类使用的价值；反之，毫无使用价值的物品是不会成为商品的。

实际生活中一个明显的事实是，物品的使用价值总是相对于人的需要而言的，因而是在人与物之间需要与被需要的关系中产生的，离开了这种关系，物品就无所谓使用价值了。通常情况下，同一事物蕴涵着多种使用价值；同一使用价值又可由多种事物表现出来；同一事物对于不同使用主体可表现出不同的使用价值；同一事物对于同一使用主体在不同使用时间或在不同的环境条件下又可表现出不同的使用价值。使用价值反映了事物对于人类生存和发展所产生的积极作用。大千世界里各种事物以千姿百态的使用价值为人们所喜爱，构成了人们丰富多彩的物质生活和精神生活内容，人们的一切活动都离不开这些事物的使用价值。

婚姻其实也一样，既然它是一种可以交易的商品，那么必然会

具有一定的使用价值。婚姻应该如何"使用"才是正确的呢？

有人把婚姻分为两种类型，也许正揭示了不同人对婚姻的使用价值的不同诠释：

一　爱情婚姻

所谓爱情婚姻是指婚姻是以爱情为基础或者内核，两个人结婚是因为爱对方，认为对方就是自己的人生伴侣，愿意与对方共度一生。当然，在这种爱情婚姻中也存在着双方之间的利益问题，至少应该是两个人在一起的益处远远大于一个人。但是这种婚姻是以感情为主，两个人能够在一起生活是由双方之间的感情决定。只有感情存在，婚姻才有名有实；如果感情不存在了，婚姻也许就名存实亡了。

二　利益婚姻

利益婚姻通常是指那些没有爱情（最多是好感），大都是以利益作为媒介而结成夫妻的婚姻。在我国，相当一部分的婚姻是以功利为前提的，农村里很多就是介绍人引见，见几面就订婚了。城镇很多男女，有的是到了岁数不得不结婚的，有的情感受挫折闪婚的，有的是为了房子结婚的，有的是为了留在大城市结婚的……而那些声称为了爱情而结婚的，爱情里面也有诸如房子、票子、社会地位等条件因素。就连现在的征婚广告，流行语都是与利益相关的财产、收入、房子、车子，这就是典型的利益婚姻。

到底是把婚姻的使用价值当成是爱情婚姻的好，还是把婚姻的使用价值当成是利益婚姻的好呢？这是一个很难说得清楚的问题。有一点可以肯定的是，所有的人都希望自己的是爱情婚姻，都排斥利益婚姻。然而正如很多人想一夜暴富，但是只有少数人能真正暴富一样，很多人能够找到的婚姻并不是爱情婚姻，而偏偏就是自己都不喜欢的利益婚姻。

　　但是利益婚姻也并不是只为了利益，也与感情有关。利益婚姻虽说感情基础不牢固，但由于有利益的支撑，可以转化为爱情婚姻，爱情婚姻因为有了利益也可以转化为利益婚姻。比如社会上流行的同居试婚，就是将爱情婚姻转变成利益婚姻的一个过程。爱情婚姻中买了房子或其他财产，或是生儿育女，有时尽管爱情已经不复存在，但是有这些财产牵扯着，还是分不开，就是因为已经转化为利益婚姻了。先结婚后恋爱，利益驱使他们走到一起，但是在共同的生活中产生了爱情，于是爱情婚姻的因素也出现了。虽说婚姻的内涵早在结婚时候就被偷换掉了，剩下的也许是貌合神离，但由于有利益的制约，婚姻也可以改善，甚至更坚固。

　　所以说，如果你是一个比较实际的人，并且希望有一个比较稳定的婚姻，那就一定要考虑双方的利益，那就一定是在选择利益婚姻。也许利益才能够使一种物品的使用价值达到最大，哪怕这种物品是神圣的婚姻。

▶ 使用价值：

　　使用价值是一切商品都具有的共同属性之一。任何物品要想成为商品都必须具有可供人类使用的价值；反之，毫无使用价值的物品是不会成为商品的。使用价值是物品的自然属性。

第四章

结婚了吧，傻冒了吧，以后赚钱两个人花

　　结婚不是一个人的事，这大家都知道，但是结婚也绝对不仅仅是两个人的事。"结婚了吧，傻冒了吧，以后赚钱两个人花"是真的，但是婚姻不仅是男女双方的事，还是男女双方家庭的事。因为女方是男方家里的儿媳妇，男方则是女方家的女婿，是"半子"，有着剪不断也不能剪，理还乱也得理的关系。婚姻对婚姻关系中的双方、家庭以及工作都有着很大的关系，所以结婚一定要多方考虑，结了婚更得好好经营。本章正是从经济的角度，从比较优势、效率与公平和外部性等等方面来解释婚姻的！

1. 夫妻双方，到底谁主外又谁主内
——比较优势原理

> 为什么《天仙配》中要唱"你耕田来我织布，我挑水来你浇园"？

2005年，香港基督教女青年会进行了一个"香港性别意识与家庭分工状况调查"。调查显示：67.60％以上的被访者认为"家庭主妇比家庭主夫较容易接受"，55.3％的被访者同意"女性比男性更适合照顾子女"。女性的参与占80％以上。由此可见，香港人的性别角色仍趋向于传统的性别定型，而家庭分工则与相关观念吻合，还是认为"男主外，女主内"是家庭分工的最好形式。

2008年经济危机爆发以后，全球共有274万人被单位遣散，其中80％以上是男性。失业大潮席卷全球，因之而来的"家庭分工新版图"正徐徐展开，很多女性在忙于职业的同时，开始改造自己那连橱柜朝哪个方向开都搞不清的丈夫，力争将其改造成合格的"家庭妇男"，这似乎预示着男主内、女主外的时代开启了。

正如我们在《做家庭主妇，还是做职场女性——合伙制企业》一节中所解释的那样，家庭是一个规模最小的合伙制企业。而既然是企业，那就必然有分工。因为在企业中的所有人都是有着其比较优势的，所以就会出现分工的不同。亚当·斯密提出的绝对优势原理很好地解释了许多经济学问题，但是它并不能解释所有的问题。比如下面的问题，就无法解释。

日本音乐指挥家小泽征尔拿起指挥棒时活像一个神奇的魔法师。

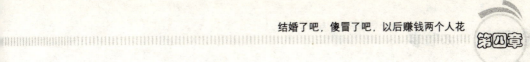

他是世界上最有名的指挥家之一。有一次，小泽征尔在巴黎电台指挥演出，一位法国人一直守候在电台门外，等到他出来之后，热情地迎上前去，邀请小泽先生到他家作客。宾主坐定之后，小泽征尔问道："在音乐会上不常见您，您经常在家里听电台播送的音乐吗？""噢，我不懂音乐，顶多在喝醉酒时哼几句小调。""哦，是这样。"指挥家有些哭笑不得。"今天，我请您来舍下，实际上是……""啊，我明白了，是不是您的儿子或女儿想学音乐呢？""不，不，实际上是想请您帮助我弄生鱼片的。"原来，小泽征尔不仅是世界上最好的指挥家，而且他做起生鱼片来，也同样是刀法纯熟，香味可口，几乎无人能比。

根据亚当·斯密的"绝对优势"原理，小泽征尔不仅应该做音乐指挥家，还要去开一家生鱼片店，亲自去做生鱼片，因为没有人能比他做得还好。但事实上他并不怎么做生鱼片，而是专职于音乐指挥的工作。从经济学上来说，他的职业选择其实是由"比较优势"决定的。所谓比较优势，简单地说就是指一个生产者能够比另一个生产者以较低的成本生产某种东西。小泽征尔做生鱼片的机会成本是其放弃指挥一场音乐会的所得。很明显，他虽然生鱼片做得好，但是也不会去做，因为机会成本太高。而如果他想吃生鱼片，也可能会去吃别人做的，不会自己去做。这就是比较优势造成的。经济学家大卫·李嘉图认为，即使一个国家在生产成本上没有绝对优势，但只要比其他国家在生产成本上具有相对优势，就可以通过生产其相对成本较低的商品去交换别国生产的相对成本较低的商品，并因此获得比较利益。

其实在家庭中也存在着比较优势原理。黄梅戏《天仙配》中的"你耕田来我织布，我挑水来你浇园"的唱词便蕴含了"比较优势"的经济学原理。因为在传统社会，主要以力气的大小为标准来进行家庭分工，所以便是男方"耕田、挑水"，女方"织布、浇园"。大多数家庭都是过着男主外、女主内的日子，男人养家，女人持家。

在传统社会中，从家庭分工来说，尽管男人也可以做家务，甚至男人在某些家务方面比女人更有绝对优势，但**从比较优势上来说，男人更适合做外部工作，女人更适合待在家里。在家庭这个经济组织中，夫妻分工协作，优势互补，共同享受劳动收益。**男女分工的比较优势，给家庭带来了无限生机。

但是在现代社会中，男主外、女主内的劳动分工已经过时了。随着社会经济的发展和妇女解放思想的提出，许多国家从法律的角度确定了男女社会地位和权利的平等，妇女逐渐从做家务的比较优势的陷阱中走出来。如今的家庭分工已经呈现多元化的趋势，如果两个人都有工作，家务就由两个人共同分担，或者双方商量着合理分配。而"家庭妇男"现象的出现，更说明了现代家庭分工的新特点。在瑞士，妇女分娩后，夫妻双方均有权选择谁待在家里看护婴儿。如果男方决定看护婴儿，国家将在一年的时间内，支付其原工资的80％，这段时间也被称为休产假。此外，在孩子8岁以前，还有专门的长达450天的"父假"。并且无论是休产假还是"父假"，国家都会发工资。

在家庭的劳动分工中，男女双方都可以做"上得厅堂，下得厨房"的双面手。但是因为男女双方各自的能力与机会成本不同，所以在一个合理的家庭分工中，双方都应当发挥各自的比较优势，根据不同的家庭成员特点来决定谁主外谁主内，以求更好地共同促进家庭的和谐发展。

▶ **比较优势**

大卫·李嘉图认为，即使一个国家在生产成本上没有绝对优势。但只要比其他国家在生产成本上具有相对优势，就可以通过生产其相对成本较低的商品去交换别国生产的相对成本较低的商品，并因此获得比较利益。比较优势的意思是说，只要你的机会成本比其他的人低，在这方面占有优势，你就可以使自己能够"人尽其用"。

2. 两个结婚的人性格是相同呢还是互补
——组织架构

> 男女双方应该是性格互补，还是相同？

通用汽车公司是世界上最大的汽车公司之一。它之所以能够成为如此巨大的公司，主要是通过并购。但是在最初并购结束时，却因为过度盲目扩大规模而陷入了困境。1923年艾尔弗雷德·斯隆出任通用总裁，这才使通用走上成功之路。斯隆整顿通用是从建立一个合理的组织架构开始的。

什么是组织架构？组织是为了达到一定目标而结合在一起的具有正式关系的一群人组成的一个实体。组织架构是该实体机构的设置与部门的划分，是一个组织活动的基本框架。组织架构包括部门设置的原则、部门之间的分工、部门之间的协作、人员的配置、责任与权力的配置、层级与领导之间关系的确定。组织架构要确定组织内的组合协调方式。组织架构是企业制度运行的基础。组织架构一旦确定，运行与协调方式也就确定了。一个企业所选择的组织架构取决于它所处的行业、规模、生产技术特点以及所面临的外部竞争环境等客观条件。一个组织架构不适用、不合理的企业难以有效运行。实际上，很多企业之所以失败就是因为没有建立一个合理的组织架构。

既然我们把婚姻看作是一个最小规模的合伙制企业，那么作为一个企业，它也应该有一定的组织架构才行。而组织架构又有不同的类型。根据美国管理学家钱德勒的概括，企业的组织架构有两种基本类型。一种称为直线职能制，其结构特征在于将企业按职能的不同分为若干部门，每一个部门都由企业的最高层领导，进行垂直式的直接管理。另一种是事业部制，是一种分权式的组织架构。其结构特征在于在总公司之下分为各个事业部或分公司，它们有相对独立的决策权，各事业部或分公司具有相对独立性，是单独核算、自负盈亏的利润，在生产、销售、采购、运输等经营活动中具有一定的主权。公司总部主要负责对各事业部或分公司的监督、评价、控制和协调。

不同的公司之所以有不同的组织架构，是因为公司的类型不同，**而对于婚姻来说，如果两个人的性格不同，那么组织婚姻的架构也是不同的。人们都说性格决定命运，性格决定成功，实际上不同的性格也决定了婚姻之不同。**人与人之间的性格只存在两种情况，一种是相同，一种是互补。那么对于婚姻关系中的两个人来说，到底应该是性格相同（或者相似），还是性格互补呢？

一半的专家说，性格相似的人结合比较会长久，另一半的专家说，性格互补的人结合才能长久。那么婚姻到底要建立一种什么样的组织架构呢？有婚姻调查机构对一群30多岁的企业主管进行了调查，根据他们的作答问卷，把他们分成4个类型：

A型人属于"投入型"，他们关心成就与权力，同时也在乎归属感，并企盼获得支持。A组里的男性大多任职于公家机关或人事部门，或从事关怀别人的行业；女性则为兼职教师或兼职专业人员。

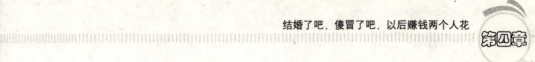

B型人属于"冲刺型"，他们最重视的就是成就和权力，无论男女都是成功的企业主管。

C型人属于"独善其身"型，他们在自主性方面的分数最高。

D型人属于"关怀型"，他们在归属感和关怀心方面分数最高，对事业成就则不怎么感兴趣。在这种类型中完全没有男性，只有女性。

后来他们把这些人的配偶也加入各组，再借着交谈、与他们共同生活，观察他们与伴侣是怎样的组合。结果，在这些夫妻中，最常见的婚姻组合是BD型，也就是冲刺型的男性配上关怀型的女性。BD型的夫妻关系是一种男人提供地位和金钱，女人操持家务。

AA型的婚姻则非常不同于传统。男女双方都很"投入"，两人都工作，都煮饭打扫，也尽可能分担照料小孩的责任，家里有个很大的多用途起居间，两人也有共同的朋友。比起BD型，AA型更能分享责任和情感。

至于在BB型的婚姻中，两个冲刺型的男女都有重要的工作，因而家务及小孩都花钱请人照管，两人则经常外出就餐。两人做事都怀有强烈的企图心，通常都在相同的专业领域中工作。

而CC型婚姻中的两个独行侠各过各的日子，除了同处一个屋檐下，什么都不共有共享。两人很少一起吃饭，各自处理事务，同时希望孩子从小就能照料自己。

根据调查可以得出一个结论，BD型，也就是性格互补的类型是婚姻中最常见的类型，而AA型这种性格相同的婚姻也是很好的组织架构类型，BB型的婚姻组织架构也还可以，而CC型的家庭组织架构则是一种不好的类型。但是总的来说，两个人不论性格互补还是相似，最重要的是能够合得来，能够有共同的感情或者经济基础，只有这样才能是最好的组织架构，也只有这样才能成为婚姻中的优胜者。

▶ **组织架构**

组织架构又称组织结构，是指为了实现组织的目标，在组织理论指导下，经过组织设计形成的组织内部各个部门、各个层次之间固定的排列方式，即组织内部的构成方式，对于工作任务如何进行分工、分组和协调合作等等。

3. 结婚了吧，傻冒了吧，以后赚钱两个人花
——资源特性

> 婚姻是一种特殊的商品，可它特殊在哪里呢？

《婚礼进行曲》也许是很多人喜欢听的曲子，但是有人却恶意地给它谱上了词："结婚了吧，傻冒了吧，以后赚钱要两个人花……"日本法律规定，如果女方是家庭妇女，男女双方如果要离婚，男方需要将自己工资的一半给女方。在以色列，如果男方提出离婚，女方会获得大大高于家庭财产总额一半的财产。中国的法律也有相似的规定。但是我们知道，因为男女双方在结婚之前财产并不是同样多，而在结婚之后，因为个人能力的不同，两个人为家庭所创造的财富也不可能同样多，所以，平分财产也许并不公平。但是为什么各国的法律还要如此规定呢？

经济学中把所有的物品分为 4 类：私人物品、公共物品、公有资源和自然垄断物品。私人物品是指既具有排他性又具有竞争性的物品。比如一个苹果，具有排他性，因为你只要不把它给别人吃，就能阻止对方，而竞争性则是，如果一个人吃了一个苹果，另一个

人就不能同时吃这个苹果。公共物品是指在消费中即无排他性又无竞争性的物品，比如小区内的火警警报。如果发生了火灾，警报拉响之后，要阻止任意一个其他人听到是不可能的，所以它不具有排他性，而当一个人得到警报的利益时，并不减少其他任何一个人得到警报的利益，也就是不具有竞争性。公有资源则是指在消费中有竞争性，但是没有排他性的物品。以公交车为例，你可以坐，你不能阻止别人坐，不具有排他性，但是如果你拥有了一个座位，那么其他人就不能坐这个座位了，所以具有竞争性。自然垄断物品则是指一种物品有排他性，但是没有竞争性。比如消防。要排除某人使用这一物品很容易，只要当房子着火时，消防部门袖手旁观即可。但是消防并不具有竞争性，因为消防部门的财政收入来自纳税，而不是多劳多得。虽然物品可以清晰地划分为以上 4 种，但是各类物品有消费中有没有排他性或者竞争性并不是一定的，而是随着时空的不同而有不同的特性。

既然我们把婚姻看作是一种可以交易的物品，那么它必然也具有物品的竞争性与排他性的特性。那么婚姻这种特殊的商品到底具有什么样的资源特性呢？

首先，婚姻中的个人的感情与性属于私人物品。很明显，感情与性都是具有排他性的，只能施于结婚的对象，而不能处处留情。当然也是有竞争性的，当一个人得到了它时，其他人就不能同时得到。当然在其他时候，也许感情与性都不具有排他性，但是前提是你对婚姻如果不忠诚的话，而这必然是要遭到惩罚的。所以，一个正常的、想要维持正常婚姻的人的感情与性是完全的私人物品。

其次，婚姻中夫妻双方的共同感情属于公共物品。夫妻双方共同维护的夫妻感情是属于公共物品的，因为双方都会得到夫妻之间感情浓厚而产生的利益，没有排他性。而一方得到的多并不会影响另一方得到的少，所以夫妻感情是属于公共物品的。

再次，公有资源。公有资源衍生公有产权，公有产权是指财产的权利界定给公众行使，即任何人在行使对公共资源的某项选择权利时，并不排斥他人对该资源行使同样的权利。例如，我到公海里以怎样的方式捕鱼的权利，与他人在此海捕鱼的权利是完全一样的。婚姻中双方的财产也属于公有资源。正如开篇所引用的那首歌词一样：一个人赚钱两个人花。我国法律对婚姻财产的主要规定总结有以下几点：

一　夫妻财产所有权的主体，只能是具有婚姻关系的夫妻双方。由此决定了夫妻任何一方不能单独成为夫妻共同财产的所有权人，没有合法婚姻关系的男女双方也不能作为夫妻共同财产的所有权人。

二　夫妻财产所有权的取得时间，是婚姻关系存续期间。即合法婚姻从领取结婚证之日起到配偶一方死亡或离婚判决未生效的期间，为婚姻关系存续期间。

三　夫妻财产的来源，包括夫妻双方或一方所得的财产，但另有约定或法律另有规定属于个人特有财产的除外。如果婚前已经取得某财产所有权，即使该财产在婚后才实际占有，该财产仍不属夫妻共同财产。相反，如婚后取得某财产权利，即使婚姻关系终止前未实际占有，该财产也属夫妻共同财产。

虽然并不是所有的财产都属于共同财产，都是公有资源，但是大部分的财产是属于公有资源的，它们为夫妻双方共同拥有，无排他性，但是有竞争性，当一方花费一部分财产，比如男方用来买烟酒或者女方用来买化妆品时，另一方所能使用的公有资源是减少的，也就是有竞争性。因此在很多时候，婚姻中的财产的确是一个人赚钱两个人花。正如开始所说的，两个人的收入或者创造的财富价值是不可能相同的，所以很多人，尤其是财富的创造者对公有资源的一分为二非常不满意，但是实际上，因为男女双方的分工不同，所以虽然一方赚取的财富比另一方多，但是他/她能够赚取更多的财富很大程度上是因为另一方为其创造了一个良好的家庭环境。所以说，婚姻中的财富属于公有资源是有其经济学原因的。

总之，婚姻是一种特殊的商品，所以它具有商品的不同特性，是一种不同于单一商品性质的资源，而且它也是一种交易活动持续进行的特殊商品，更需要双方努力去维持。

▶ 竞争性与排他性

竞争性是指消费者或消费数量的增加所引起的商品的生产成本的增加，私人产品大都具有竞争性，如，甲多吃一块巧克力，生产者就必须多生产一块，而生产一块巧克力需要花费厂商一定数量的成本，从而减少用于生产其他商品的资源，也就是说对其他产量的生产形成竞争。

排他性是指某个消费者在购买并得到一种商品的消费权之后，就可以把其他消费者排斥在获得该商品的利益之外。私人产品在使用上具有排他性，如：甲购买了一块巧克力，他就获得了消费这块巧克力的权利，其他人就不能消费同一块巧克力了。

4. 婆婆、媳妇和小姑怎样共享一块蛋糕
——奥肯漏桶原理

> 婚姻不是两个人的独舞，而是一群人的狂舞？

有个离婚的女人讲述她的婚姻故事：刚结婚时，家里就我们两

个人，甜蜜的二人世界，上班前的拥抱，下班时的深吻，让我们陶醉。遇到休息日，两个人想睡到什么时候，就睡到什么时候，有时早餐、午餐都在床上解决了。我有时值晚班，他就会带着夜宵来接我，一杯奶茶，一个苹果，都让我感到他的存在、爱的存在。但是好景不长，婆婆从南京过来之后，噩梦开始了。婆婆来之前，他就跟我说，家里没有人敢顶撞婆婆，所以让我对婆婆一定要礼貌谦让。我当然一口答应下来，心想老人只要哄哄应该就没什么问题。可惜事情并不像我想象的那么简单。婆婆来了之后，事情完全变了。她干涉很多事情，我都只好忍了，但是有一天我在睡觉时，感觉有个人在我眼前晃动，猛然惊醒，发现婆婆正在我房间里擦地。"妈，您在干吗！"我叫道。"我在擦地，你没有看见吗？"她一脸不高兴。"可是我在睡觉，您怎么一声不响地就进来了？""这是我儿子的房间，我进来难道还要打报告吗？"我被激怒了："这也是我的房间，麻烦您出去。"婆婆一脸惊怒地看着我，走了出去。没过多久，老公打电话回来说："妈妈好心来擦地，你骂她干什么？她又不是坏人，你懂事一些行不行？"还没等我辩解，电话就挂断了，第一天的相处就如此尴尬，之后更不用说了。

接下来的日子里，婆婆总是和我对着干：我说要去吃四川菜，她就说要吃宁波菜；我说想在家里休息时，她就说要陪她去公园转转；我说晚上蒸鸡吃，她就说要熬汤。总之，只要我说东，她总是要说西。老公夹在中间，陷入了两难的境地，但是他并不是公正地对待，而是站在他妈那边。一天天矛盾愈演愈烈，渐渐升级，我天天逼着老公让婆婆回南京，可婆婆就偏偏不回，不论我怎么不高兴，摆脸色，可婆婆就是不松口，似乎在这里住得有滋有味。

后来发展到我根本不想回家，就找理由和同事、同学一起吃饭，

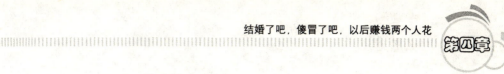

或者在公司加班。晚上睡觉时也是两个人背对背睡在一张床上，像陌生人一样，后来感情完全破裂，只好选择离婚。

结婚虽然是两个人结的，但是婚姻从来不是两个人的事，应该是两家人的事，甚至还会与两个人的朋友产生一些影响，当然对自己的婚姻产生最大影响的首先是自己的家人。那么婚姻应当如何分配呢？如何才能让婚姻使得所有的人都满意呢？

经济学本质上说就是分配稀缺资源的问题，所以对如何进行分配的问题很多经济学家都有不同的看法，而其中最广受认同的原理则是法国经济学家庇古所提出的。他第一次比较系统地表达了对经济平等的关注。在庇古看来，争取效率就是要合理配置资源，增加国民收入；而争取平等则是将富人的一部分收入转移给穷人，实现收入的均等化；只有二者兼顾，才能增进整个社会的福利。庇古描述的这种富足而又和谐的社会无疑令人向往，但问题在于，平等和效率在现实中往往是矛盾的。

而对于这个问题，经济学家奥肯曾有过非常精辟的论述，这就是著名的"漏桶原理"：假定有这样一个社会，富人和穷人分灶吃饭，富人那里人少粥多，许多粥吃不完，白白地浪费掉；而穷人那里人多粥少，根本吃不饱，已经有不少的人得了水肿。于是政府决定，从富人的锅里打一桶粥，送给穷人吃，以减少不平等现象。奥肯认为，政府的这种愿望是好的，但不幸的是，它使用的那个桶下面有个洞，是个漏桶。这样，等它把粥送到穷人那里时，路上早就漏掉了不少。也就是说，政府从富人那里转移一部分收入给穷人，穷人实际得到的，比富人失去的要少一些，比如富人的收入减少了1000元，穷人可能只得到了600元，其余的400元就不翼而飞了。为什么会有这种现象呢？因为追求平等损害了效率，从而减少了国民收入。奥肯有一句名言："当我们拿起刀来，试图将国民收入这块蛋糕在穷人和富人之间做平均分配时，整个蛋糕却忽然变小了。"

漏捅原理意味着平等和效率是"鱼和熊掌不可兼得"。因此就很容易会出现因分配不均而争吵的"婆婆、媳妇、小姑"类的问题。婚姻这个蛋糕如何分配不仅仅是夫妻双方的问题，因为两个人的婚姻不仅仅是两个人的事。

十几年前，有一部比较火的电视剧《婆婆、媳妇、小姑》，讲述的就是一个最常见、最平凡、最亲近却又最令人头疼的婆媳关系，家庭琐事。家境优越的仇家儿子仇家宝，二婚时娶了于家的女儿于小娇。仇母是会计出身，自恃大户人家有教养，便要为上门的媳妇立规矩、定章程。而大龄未婚的女儿仇家珠，则对年轻貌美的新嫂子横竖看不入眼，在婆媳之间推波助澜。新媳妇于小娇善良，面对着婆婆、小姑的挑衅，腾挪跌宕，左推右挡。而最惨的是夹在老妈、妹妹和媳妇之间的仇家宝。从新婚之日起，家中便琐事不断，天天上演喜怒哀乐的情景剧。而这也是因为婚姻这个蛋糕的分配不平等所引起的。

效率与公平

这是一个不可能解决的问题，不仅仅在经济范围内，在所有的社会范围内，效率与公平都是存在且不可解决的。如果要效率，就要多劳多得，要公平则无论劳多劳少都公平分配，而这本身就是一种不平等，所以效率与公平是不可能解决、又不得不解决的矛盾。

5. 从来不存在两人世界
——婚姻的外部性

> 你的婚姻影响到了除你之外的很多人？

林荫小路上走来一对年轻男女，手拉着手，边说边笑地往前走。他们的四周仿佛流溢着一种光彩，让人眼前一亮，温馨与活力就暗暗地充满了整个空间，让看到他们的行人眼前一亮，有种赏心悦目的感觉。从经济学的角度来说，这就是爱情或者婚姻的外部性。

而大学图书馆里的恋人，他们细微的交换情感的小动作，总会影响到周围的同学，忘情之时，甚至会让周围的同学忍无可忍。这也是爱情的外部性。

日复一日的争执吵闹，使家庭总笼罩着一层阴云，直接受害的便是孩子，长期压抑的气氛可能会影响孩子的健康成长，或者还有父母亲友，甚至邻居。这同样也是婚姻的外部性。

从经济学的角度来说，市场上的交易双方一般都是自由缔约，进行交易。这种交易可能并不影响其他人的利益。但在某些情况下，契约的履行却会影响到第三方。这种影响到第三人的现象就被称之为外部性。在婚姻与爱情中也存在着外部性。

婚姻除了对婚姻关系中的直接双方产生影响之外，到底还有哪些外部性呢？

一　当众过于亲热的行为

2009年新闻报道某大学成立了精神文明纠察小组，专门派学生在晚上去一些场所寻找在幽会的学生，不准在学校公众场所接吻，甚至不准牵手。新闻曝光之后，这所大学遭到了众多嘲笑与调侃，很多人都认为该校的做法愚昧又落后。当然，这所大学的做法虽然本着和谐社会的目的，但是却与时代脱节了，所以遭到了嘲笑。可是从经济学的角度来看，它又是有着一定的道理的，因为大学生恋爱中的许多公开场合的亲密行为的确对他人产生了不利的影响，的确产生了负的外部性。在社会范围内也是如此，在公共场合中的一些不当行为的确会对他人产生负的外部性。

二 父母的干预

父母干预子女的婚姻在当前的中国仍属十分常见的事。但是正如俗话所说的，婚姻也是"如人饮水，冷暖自知"。不在其中，根本不可能清楚个中所有事情的原委，而如果再横加干预，只会对婚姻产生不利的影响。总之，父母的干预会对子女的婚姻产生不利的影响。但是很多时候，子女的婚姻也会对父母产生一些外部性，当然有好有坏，而且是不可避免的。最常见的是子女婚姻吵架，父母得知之后至少是需要劝解的。

三 婚外情的行为

自我国公布的《婚姻法》提出配偶权的概念，并由此为对婚外情实施法律惩罚提供理论依据，一时间成为媒体炒作和学术界争论的热点。中国经济研究中心的姚洋教授曾就此争论发表《法律是否应该惩罚婚外情——一个经济学的分析》一文，并提出了"对婚外情实施法律惩罚只会增加离婚成本，对婚外情实施法律惩罚的结果更可能是惩罚那些正人君子，而不是花花公子。这与惩罚的目的恰恰相左。"

但是无论对婚外情进不进行法律上的惩罚，婚外情都会产生负的外部性。出现婚外性的一方必然要隐藏自己的行为，这样就会导致自己出现信任、精力等等问题，而婚外情也是要付出成本的。根据资源的稀缺性，当然会影响到自己的婚姻。而如果婚姻中的另一方得知了，那么就会产生更大的破坏力，并且会影响到家庭中的其他成员，比如子女、自己的以及配偶的父母。而如果不幸再弄得满城风雨，那还会影响到自己的声誉，甚至会断送自己的前程，这些都是婚外情带来的负的外部性。

四　子女成长与教育

不管是小说还是电影，或者其他艺术作品中，如果出现一个心理变态的，或者不能适应社会环境的人，追查一下他的人生轨迹，大都能够看到他/她的童年生活是不幸的。而童年的不幸大都来自家庭环境。夫妻双方的关系不好，天天吵吵闹闹，甚至大打出手，对子女的心灵会产生极大的负面影响，这是婚姻对子女产生的典型的负的外部性，而且在这种环境中长大的人将来的婚姻生活往往也很难幸福。

而反观那些生活幸福的人，大都是在和谐的家庭环境中成长起来的。因为他们从小受到父母婚姻的正的外部性，在美好的环境中形成了一种正确的婚姻价值观，也就会以一种正确的方式来对待自己的婚姻。

▶ 导致离婚的主要原因

1. 性格不合。2. 配偶一方有赌博、酗酒等恶习屡教不改的。3. 因配偶的性过错导致离婚。主要类型包括移情别恋、"第三者"插足。4. 家庭暴力也是导致离婚的重要原因。家庭暴力不仅危害家庭的稳定和和谐，同时也是导致社会不稳定的隐患之一。5. 一方具有生理缺陷或患有疾病久治不愈，这也是影响夫妻关系、导致离婚的原因之一。

6. 隐婚族出于什么用心
——负外部性

为什么有人结了婚却不敢承认？

刘漪是个个体经营者，从学校毕业后便开始经营草坪生意。在上世纪 90 年代末，像她这么大规模经营草坪的人还不多，所以，凭着她的聪敏、活络和朋友帮忙，生意还做得很红火。一时，她成为亲戚朋友中的榜样，草坪生意的利润颇丰厚，不久，刘漪就给自己购置了新房和汽车。几年生意做下来，刘漪越发地干练、成熟，只是奔 30 的人却一直没有谈婚论嫁，婚事始终未能尘埃落定。终于在31 岁那年与公司的长年法律顾问周先生定下了终身。但两人只是登记，根本没举办婚礼，公司甚至连喜糖都没发，所以几乎没人知道他俩已经结婚。结婚毕竟是人生大事，谁都希望有个体面热闹的婚礼，但刘漪却无法做到。因为自公司草创至今，对外的业务都是由她自己一手包揽的。而这个行业是男人称雄的领域，女人要在这里分一杯羹实非易事，而单身的身份却给刘漪提供了诸多便利。性别魅力和优势，加上男人特有的怜香惜玉之心，让她在这里如鱼得水，所以事业也得以顺利发展。所以，在公司里她与丈夫是总经理和高级职员的关系，而只有在家里——属于他们的两人世界，刘漪才能放下架子，轻轻依偎在丈夫身边，享受着为人妻的满足和愉悦。这种状况一直持续到她 36 岁那年，刘漪从公司的台前慢慢转到了幕后，把工作慢慢移交给丈夫之后，才终于给自己补办了一个隆重的婚礼。

刘漪的这种隐瞒结婚事实的行为在现在越来越多，这种人被戏称为"隐婚族"。隐婚族之所以隐婚，是因为婚姻对自己的事业带来了不利。从经济学上来讲，婚姻产生了负的外部性。所谓外部性，是指当一个人的行为对其他人的利益造成了无补偿的影响。比如造纸厂排出的废水污染了当地的环境，对当地居民的生活造成了不利的影响，虽然政府对其进行了处罚，但是却对居民没有任何的补偿。这种行为就被称为是外部性，并且是负的外部性。负的外部性简单地说就是外部性产生的影响是不利的。

从这个例子我们也可以看出，如果刘漪公开自己的婚姻，就会对其事业产生无补偿的损害，这就是婚姻中的负的外部性。那么婚姻除了带来收益之外，除了对自己的事业带来不利的影响之外，还有哪些负的外部性呢？

2009 年，某机构进行的一项"隐婚调查"显示，有近 37% 的人因为担心公开婚姻会使自己失去老板或客户的信任而甘做"隐婚族"。他们的年龄大多集中在 25 岁至 35 岁之间，其中以女性居多。

一 因为婚姻会使自己的工作受到不利影响，所以很多人"隐婚"主要是怕不受重用。在广州天河北上班的白领王小姐向记者讲述了她"隐婚"的遭遇。据介绍，她所在的部门女孩子居多，而且都很年轻。"领导一直担心过个两三年，大家都到了结婚生育的年龄，单位里没人干活。所以大家不敢公布自己已婚的消息，怕领导以后不重用自己……"

二 为了人际关系而隐婚。隐婚族中还有不少男性。男性选择隐婚并不是担心自己的能力因婚姻而受到质疑，其原因大多出于对人际关系的处理上。因为相较女性而言，男性的社交圈比较广泛，他们往往要经常通过聚餐、游玩等集体方式来与同事或客户沟通，而一个结婚戒指就足以让这个社交圈缩小。所以就有不少男性通过选择隐婚来保住自己的社交圈子。

三　还有不少人并不是刻意隐瞒自己的婚姻状况，只不过认为没有必要告诉别人自己已婚的事实。因为结婚本身就是一件很私人的事情，亲朋好友知道是理所当然，其他人对自己的私事知道得当然是越少越好。

因为婚姻产生了许多不便的外部性，所以很多人主动或者被动地选择成为"隐婚族"。但是隐婚族没有想到，"隐婚"这一行为在产生正的外部性——解决了以上因婚姻而产生的负外部性的同时，也产生了一个很严重的负的外部性，即隐婚极易爆发潜在的婚姻危机。隐瞒自己结婚的事实，会给别人造成单身的假象。如果有异性对隐婚族产生好感，而隐婚族依旧不愿意透露自己的真实婚姻状况，那么精神出轨的概率将不可避免，肉体出轨的几率也在一半以上。婚姻本身就是两个人的朝夕相对，在爱情逐渐散去的时候，婚姻出轨的现象便比比皆是。而隐婚之举则加大了这种出轨的概率。在面对异性的猛烈追求时，不少隐婚族会很受用那种"自己尚有魅力"的感觉，那种感觉对他们来说是枯燥婚姻的调剂品。由此可见，隐婚是一柄双刃剑，玩得转了能够产生诸多利好之事，而玩不转时则可能会伤己伤身，使婚姻产生问题，甚至是破裂，所以说，隐婚有风险，行之需谨慎。

▶ 负外部性

所谓负外部性，是指一个人的行为或企业的行为影响了其他人或企业，使之支付了额外的成本费用，但后者又无法获得相应补偿，造成外部不经济的人却没有为此承担成本的现象。

第五章

男人觉得娶媳妇太贵，女人不管嫁谁都觉得吃亏

大概还是 10 年前的时候，香港歌手陈小春有一首歌叫《没那种命》，其副歌部分唱出了许多失败男人的心声："爱情这东西没道理的，有人很抢手有人没资格……我那么平凡我开不了口，心里面晓得追她的结果，幸运的不是我，只怪爱人太少了对手太好了劝自己别傻了，以前甭提了以后非加油不可，我没那种命呀轮也轮不到我，爱情老是缺货我争什么，时间越来越少了越来越老了我剩下一个梦。"男人总是觉得娶媳妇太贵，而女人则总是觉得不管嫁谁都吃亏。男人总是想要娶个漂亮又聪慧的女子，而女人总想嫁一个帅气多金又爱自己比爱他妈还深的男子。可事实总是不如人意，为什么会这样呢？也许是因为市场交易规律的原则，也许是因为消费者偏好在作怪，还可能是因为竞争市场的不完全。想要释疑解惑，就看这一章吧！

1. 别怪好姑娘难追，因为追她的人太多了
——卖方市场

> 为什么漂亮的姑娘就那么抢手呢？

1994 年 6 月 29 日，林青霞嫁给富商邢李原，时年 40 岁；2008 年，刘嘉玲与梁朝伟结婚，时年 43 岁；2008 年，李嘉欣嫁给富商许晋亨，时年 38 岁；2009 年，黎姿嫁给富豪马廷强，时年 38 岁。演艺圈中很多女星的结婚年龄都越来越大。在现实中，很多漂亮的或者是优秀的女性结婚的年龄也越来越晚，但是嫁得晚却嫁得好，至少在经济条件上嫁得相当不错。为什么会出现这种状况呢？这是有其经济学原因的。

经济学本质上是研究稀缺性资源分配的一门学问。既然资源是稀缺的，需求的人又总是那么多，因此要进行分配就需要一定的机制来进行。经济学家认为，价格是进行资源分配的最有效机制。通常来说，人们都认为成本决定价格。对于某些商品来说的确如此，生产商品的成本加上一些合理的利润便决定了商品的价格。但是有的时候，商品的价格并不是由成本来决定的。人人都知道钻石的价格非常昂贵，昂贵到"一颗就破产"的地步。从电影《血钻》中我们可以看出，钻石的生产成本并不是很高。只要当地有这种矿石，

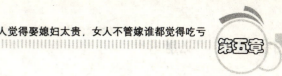

进行开采并不需要付出太多的资金投入，可是为什么钻石的价格如此之高呢？

很显然，在很多情况下，商品的价格并不是由其成本来决定的，而是由需求来决定的。当郁金香刚开始在荷兰流传时，一些机敏的投机商就开始大量囤积郁金香球茎以待价格上涨。人们对郁金香表现出一种病态的倾慕与热忱，并开始竞相抢购郁金香球茎。1634年，炒买郁金香的热潮蔓延为荷兰的全民运动。当时1000美元一朵的郁金香花根，不到一个月后就升值为2万美元了。1636年，一株稀有品种的郁金香竟然达到了与一辆马车、几匹马等值的地步。1637年，郁金香的价格已经涨到了骇人听闻的水平。与上一年相比，郁金香总涨幅高达5900％！1637年2月，一株名为"永远的奥古斯都"的郁金香售价高达6700荷兰盾，这笔钱足以买下阿姆斯特丹运河边的一幢豪宅，而当时荷兰人的平均年收入只有150荷兰盾。因为荷兰人几乎人人都想要最美的郁金香，这种过度的需求决定了市场呈现一种卖方占主动地位的市场现象，所以成本极低的商品其价格却几乎等同于一幢豪宅。

婚姻中对象的寻求也是如此。那些优秀的女子之所以能够找到优秀的男人，不是因为其生产成本高，而是因为她们具有资源的稀缺性，属于卖方市场。 不管相信不相信，上帝从来就是不公平的，有的人既有迷人的外表又有优秀的内在，比如现年34岁的谷歌女副总裁玛丽莎·梅耶尔不仅有一副俏丽迷人的面孔，而且头脑比男人更为冷静，还是谷歌最优秀的工程师之一，被称为"硅谷第一美女"与"第一权女"。像这样的女性是得天独厚的，她在婚姻市场中当然是优胜者，是众多人追求的对象。而且因为她自己有足够的能力，甚至连一个关于她的离职传闻都会让谷歌创始人感到恐慌，所以她能够拒绝谷歌联合创始人之一佩奇的爱情，而是选择自己喜欢的人。因为在婚姻市场中，对于她的需求是巨大的，这就决定了她的价格，决定了她是主动选择者，而不是被选者。

一些女性因为优秀，所以追求者甚众；正因为追求者众，所以这些女性也就会有非常多的选择，所以就会挑花了眼。但是婚姻又是具有排他性的，不可能同时与多于一个人结婚，所以就会在挑选结婚对象时更加审慎，挑选的时间也就会更长，而年龄当然也会随之而不断增长，以至于30多岁时还没有结婚。但是这些女性虽然结婚年龄比较晚，但是最终选择到的结婚对象却依然要比那些结婚早的人优秀，原因还是因为她们具有需求上的优势，婚姻市场的需求决定了她们虽然晚婚，但是依然有着很好的市场竞争优势。

所以说，好姑娘就像钻石一样，人人都想要；但是又因为好姑娘像钻石一样并不是很多，甚至连三分之一都占不到，所以说需求量远远大于供给量，由卖方来决定价格，属于卖方占主动地位的市场。基于这一原因，她们的"价格"就会要得更高，而能够满足好姑娘更高要求的男性当然也相对而言更优秀，所以，好姑娘也因此而会嫁得更好。

▶ 卖方市场

指供给小于需求、商品价格有上涨趋势，由于供不应求，卖方在市场交易中处于有利地位。是由卖者起主导作用的一种市场类型。在卖方市场上，商品供给量少，由于供不应求而不能满足市场的需求，即使商品质次价高也能被销售出去，商品价格呈上涨趋势。这时，买方对商品没有选择的主动权，卖方只关心产品数量，很少考虑市场需求。卖方在交易上处于主动地位。卖方市场的存在，意味着商品交换中买卖双方之间的平等关系，已被商品的供不应求所打破。

2. 贾宝玉为什么是贾府中的万人迷
——买方市场

> 为什么没一点儿男子气概的贾宝玉却成了大观园里的万人迷？

众所周知，现在大学生找工作比以前难很多。很多公司对大学生都是挑三拣四的。之所以出现这种情况，是因为大学生的数量太多，虽然没有达到供大于求的地步，但是已经形成了买方市场。所谓买方市场，是指在商品供过于求的条件下，买方掌握着市场交易主动权的一种市场形态。

买方市场主要有以下几个特征：

1. 市场商品丰富，货源充沛，消费者能够任意挑选商品。

2. 卖者之间在产品的花色、品种、服务、价格、促销等方面展开激烈竞争。

3. 卖者积极开展促销活动。

4. 消费者需求是企业生产与经营的轴心。

5. 顾客能够获得满意的售前、售中、售后服务。

6. 商品的市场价格呈下降趋势，卖者削价竞销。

在买方市场的条件下，企业和商品生产者能否根据市场的消费需求来组织生产，适应市场消费需求的变化，对企业和商品生产者的生死存亡具有重要意义。供给大于需求、商品价格有下降趋势，买方在交易上处于有利地位的市场趋势。在买方市场上，商品供给过剩，卖方之间竞相抛售，价格呈下降趋势，买方在交易上处于主动地位，有任意选择商品的主动权。买方市场意味着商品交换中买卖双方之间的平等关系，由于商品的供大于求而被打破。一言以蔽之，买方市场是指买方在市场交易中掌握主动权，买方可以随意挑选自己喜欢的商品。

在婚姻关系中，在当前的社会现状中，买方往往是指男方。从宏观上看，中国男女比例是男多女少，所以一般情况下，男方是卖方市场，但是在特殊环境之下，男方有时却成了买方市场。比如《红楼梦》里贾宝玉就是买方市场——市场在具有压倒优势的买方力量的控制下运行，即交易是由买方左右的市场。

在大观园里，贾宝玉到底是多少美眉的梦中情人？多到几乎数不过来，基本所有到达恋爱年龄的女孩子，都会对宝玉心怀爱恋，上至林黛玉、薛宝钗这样门当户对的贵族小姐，下到麝月、晴雯这样的卑贱丫头。跟皇帝的女儿不愁嫁一样，贾府的少爷不愁娶。而那些对贾宝玉朝思暮想的女孩子要为最终成为宝玉的太太或者二奶、三奶展开激烈竞争。

买方市场在具有压倒优势的买方力量的控制下运行。市场上的商品琳琅满目、种类繁多，供过于求，买方可以随意挑拣和相互比较，有充裕的选择空间。既然贾宝玉在婚姻市场中属于买方市场，而且是占主动地位的买方市场，那么想要嫁给贾宝玉就不是易事。林黛玉与贾宝玉之间有着真正的爱情，但是婚姻并不是爱情，尤其是在他们所处的时代，爱情远远不是婚姻的先决条件。虽然作为卖方市场的林黛玉属于比较占优势的一方，但是她并没有竞争成功。相反的，并不在感情上占优势的薛宝钗却最终由宝姐姐成功变成了

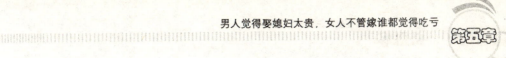

宝二奶奶。原因无他，只因为薛宝钗占有其他的市场优势。正如我们所说，薛宝钗在贾宝玉的爱情中并不占优势，但是贾府的婚姻并不是结婚当事人双方的事，甚至不仅仅是两亲家之间的事，关系到方方面面，所以贾府就会考虑得更多。而在这一方面上，林黛玉的爹妈都已经死了，家庭优势根本没有，而薛宝钗虽然没有了爹，但是家庭在精明的薛姨妈把持之下，薛家有着相当的势力，所以在这一回合中，薛宝钗占优势。而在个人脾气与性格上，薛宝钗端庄稳重，温柔敦厚，豁达大度，贾府上下除了林黛玉都十分喜欢她。而林黛玉则正好相反，尖酸刻薄，心胸狭窄，爱使小性儿，贾府上下几乎没有人真正喜欢她。由此可见，在性格上薛宝钗也占尽优势。结果当然会是贾府选择薛宝钗作为结婚对象。

当婚姻市场由买方占主动地位时，卖方会进行激烈的竞争，而在竞争过程中当然要"八仙过海，各显神通"，也就是把自己的优势表现出来。 只有这样才能取得成功。当然还有一些人则是"理性的人"，她们明知自己不能在买方市场占主动地位时竞争取胜，便退而求其次，降低自己的要求，从而相对达到目的。比如袭人，她深知自己既不是薛宝钗的对手，也不是林黛玉的对手，所以干脆认命，去给宝二爷当"二奶"，以避免在争当"二奶奶"的竞争中落败而一无所得。还有一些人，诸如薛宝琴、史湘云等等则去选择别人，而不会在这场不可能取胜的竞争中把自己弄得头破血流。

无论男女，当婚姻市场出现买方占主动地位时，如果没有十足的把握可以取胜，那么不妨去做第二打算，而不是明知不可为而为之，成为无谓的牺牲品。当然，在现代社会里，只要是个正常的人都不会选择去给他人做"小三"，正确的选择当然是去寻找其他的买方，即便稍微差一点，也比粉身碎骨、一无所得强！

◉ **买方市场**

指在商品供过于求的条件下，买方掌握着市场交易主动权的一种市场形态。在买方市场的条件下，企业和商品生产者能否根据市场的消费需求来组织生产，适应市场消费需求的变化，对企业和商品生产者的生死存亡具有重要意义。

3. 为什么大学生的恋情往往是毕业就失恋
——不完全竞争

> 毕业不仅失业，还会失恋，这又是哪门子事？

大学生的恋情也许是最纯真的，因为一个女生可以不顾任何世俗的理由，而仅仅因为"一见钟情"，可以在瞬间爱上一个男生，对于男生也一样。这是因为在爱情的问题上，进行选择时所依凭的并不一定都可以用诸如货币、财富、容貌、声誉等尺度来度量，更多的时候是一种感觉在起作用。每个谈恋爱的人都是不同的，表现在知识、相貌、能力、财富和前途上都是不一样的。大学生的恋情也许是最美好的爱情，但可惜的是，双方分手的比例很高，最后结婚基本是没谱的事情。更多的失败体现在"毕业即分手"。为什么大学生一旦脱离校园，爱情就那么脆弱，以致不堪一击呢？

从经济学的角度上来分析，大学生的恋情失败的主要原因是因为这种恋情属于不完全竞争。所谓不完全竞争，又称为有效竞争或

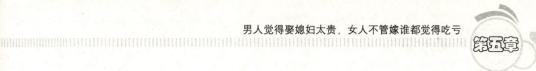

可行竞争，是与完全竞争相对的一种竞争模式。完全竞争是指有许多交易相同产品的买者与卖者，以至于每一个买者和卖者都是价格接受者的市场。在完全竞争的市场上，价格是由双方共同决定的，双方都是价格的接受者。不完全竞争由美国经济学家 J. M. 克拉克提出。克拉克认为，由于现实环境的复杂性、产品的同质性或非同质性、生产者的数量及其规模结构、价格制定的方式、交易的方式、市场信息传递的特征和手段、生产者和消费者的地理分布、产出控制的时间特征、工厂或企业规模的差异，等等，会导致买卖市场中的买者与卖者并不是很多，至少是不平衡的，价格并不是由双方共同决定，而且存在着不可以随便进入市场的贸易壁垒，使竞争具有不完全性。

大学校园里的"爱情市场"存在严重的进入壁垒，"交易"双方在相貌、才华、财富和前途方面有着高度的差别化，往往使买方或者卖方市场不平衡。所以，校园爱情根本不是一个完全竞争的市场，而是一个带有高度垄断的不完全竞争的市场。一个不证自明的事实是：那些具备较好禀赋和财富的市场竞争者拥有一定的"市场势力"。在漂亮的女生资源相对多的文科大学，市场接近于垄断竞争；而在那些女生资源非常匮乏的理工科大学，市场则近似于完全垄断；漂亮和优秀的女生周围形成的市场则是寡头垄断的，因为面对这样出众的女生，敢于追求的男生很少，现有竞争者和潜在竞争者都很少。

由于校园"爱情市场"缺乏激烈的竞争，替代品较少，被追求者（一般是女生）面对的选择集大为缩小，从理论上讲就不会产生"最优"的选择结果。但是因为校园爱情特有的爱情倾向，他们一般不会把财富、名利等功利性的尺度作为选择标准，所以，最可能的大学生的爱情状态应该是：在不完全竞争下，恋爱不会使他们获得自己最满意的爱情，更不会获得持久的爱情，校园爱情常常能在大学阶段平静地度过几年，而在毕业后，天各一方。大学生的爱情一旦碰到较为严重的约束条件——地理分布、户口等——马上就会劳燕分飞。

因为校园爱情的男女比例不平等，又加上大学校园中的男女年龄相对比较小，有一些优秀的人往往持有"事业高于爱情"的观点，他们更多地为未来的前途奋斗，视学业和能力为未来发展的安身立命之本；而比较优秀的人则常常试图"学业、爱情两不误"，因此在大学校园内，那些愿意进入大学校园爱情市场的往往不是最优秀的，这也就使得爱情市场显现出又一种不完全竞争。

虽然那些所谓优秀的人才不进入爱情市场，但是大学校园的爱情市场依然是在不完全竞争特性下的比较激烈的竞争，要获得自己意中人的芳心，参与竞争者必须投入大量的时间、精力，甚至金钱。但是这种巨额的投入并不一定带来满意的结局，因为能最后"成交"的永远只是一对，所以参与竞争的局中人是要冒风险的。根据"排队配给原理"，社会不一定把物品给予那些最愿意和最有支付能力的局中人，爱神通常垂青于那些最愿意排队等待的人。可是被选择者还是愿意选择那些最优秀的人，这就使得比较优秀的市场参与者不被选择。而有的人可能会退而求其次，有的人也许会退出市场。与此相反，在现实生活中，不论是优秀的还是不优秀的人都会进入婚姻市场，这样会使婚姻成为一种完全竞争的市场。而当大学生毕业之后，在不完全竞争市场中的人进入完全竞争的市场，会发现在大学时所选择的对象并不是最好的选择，所以很容易就会毕业之后就分手。再加上大学毕业之后，环境的变迁，个人心境的改变，也会使得很多人选择分手。

不完全竞争

又称为有效竞争，是指一些市场完全竞争不能保持，因为至少有一个大到足以影响市场价格的买者（或卖者），并因此面对向下倾斜的需求（或供给）曲线。包括各种不完全因素，诸如完全垄断、寡头垄断或垄断竞争等。

4. 为什么情人眼里出西施
——消费者偏好

> 为什么吕燕那么"丑"，外国人却很喜欢？

2000年高考作文题目为《答案是丰富多彩的》。这个作文题目在当时引起了很大的轰动，因为它似乎揭示了时代进步的主题，在世纪之交提出这样一个意在提倡学生的多元发散思维的题目，让人们从一致的思想束缚中解放出来，尊重个性，尊重个体的选择。就在同一年，法国巴黎举行的世界超模大赛爆出大冷门，在中国人眼中绝对没有获奖可能的"丑女"吕燕荣登亚军宝座。在此之前，中国模特在这一大赛上的最好名次是第四名。以吕燕的五官而言，几乎没有中国人会认为她长得漂亮，但是她却是西方人眼中标准的东方美人。而在现实中我们也经常发现，跨国婚姻中的中国女性并不都是中国人眼中的美女，甚至是丑女。在国内也一样，有些人觉得小眼眯缝的孙红雷很有魅力，而另外一些人则觉得他长得很难看，小眼太丑了。

对于同样一个人为什么会有不同的看法呢？从一般观念上来说

是因为审美观的差别。而从经济学上也可以对此进行解释，那就是消费者偏好。消费经济学认为，消费者对某种物品的需求是购买欲望和购买能力的统一。购买能力取决于收入、价格等因素。但是，在经济条件允许的时候，还是有许多商品不能卖出去。经济学家认为，这是因为消费者缺乏对这些产品的购买欲望。因为消费者一旦对某种产品有了强烈的购买欲望，他就会为实现这一愿望而多赚钱，这就提高了购买能力。或者他也可以通过超前消费的行为把未来的购买能力变为今天的购买能力。可见在市场中，购买欲望是十分重要的。

对于每一个消费者来说，他的购买欲望则来自于消费者偏好。所谓消费者偏好，简单地说法就是指当一个消费者面对多种商品与劳务时，他会偏好于选择哪种的行为。消费者对某种物品的偏好越大，这种物品给他带来的效用就越大，他就越愿意购买，需求就越高。比如说，同属碳酸类饮料，有人喜欢百事可乐，有人则喜欢可口可乐，所以两家公司虽然一直在进行激烈的竞争，但是谁也不能将谁吞并，只能共存并继续竞争下去。同样是水果，有人喜欢吃苹果，有人喜欢吃梨子，有人则喜欢吃香蕉，所以不论是生产哪种水果的都不会怕产品没有人买。

很多情况下，即使是对同一商品进行消费，人们的偏好点也是不同的。以电影《东邪西毒·终极版》为例，有的人看这部电影是因为喜欢这种做作的小资情调，或者伪文艺电影，有的人则只是因为喜欢导演王家卫的电影风格；有的人是片中的影星梁朝伟、梁家辉、张国荣等人的影迷，有的人则谁的影迷也不是，但是却是张国荣的歌迷。消费者偏好对人们的生活有着很大的影响。很多时候，明明自己很喜欢的东西，在别人眼里可能根本不值一提，甚至对方还会觉得很讨厌。在一个美国电视广告节目中，一位中年男人对其新手机的样式与功能表示不满。这是他十几岁的女儿给他买的一款

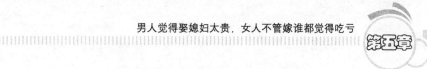

华而不实的手机。他的女儿兴奋地跟他说："爸爸，您的手机棒极了，这是时下最流行的！"而他则看着那部有金属片的粉色手机露出很讨厌的表情。

其实婚姻中的对象选择也是如此。也许在婚姻市场中甲男的眼中，A女是最适合他的结婚对象：温顺、善良，安分守己，对生活没有太高的要求，只想平淡过一生，是自己喜欢的那一类型的女性，所以他就认为A女是他眼中的西施。但是在乙男的眼中，A女根本就是一个很差的女性，因为"温顺、善良，安分守己，对生活没有太高的要求，只想平淡过一生"的女性不是他喜欢的那一类型，所以尽管A女在甲男的眼中是优秀的女性，但是在他乙男的眼中简直没有任何价值。从婚姻市场中看，这也属于消费者偏好的问题。虽然A女理论上属于甲、乙两人都可以选择的交易对象，但是**因为二人的消费者偏好不同，所以就出现了同一个女性在不同男性中的价值不同，在情人眼里是西施，而在不喜欢她的人眼中最多不过庸常女子一个。**

因为个人偏好不同，所以每个人所愿意购买的商品也不同。在婚姻中每个人所中意的对象也不尽相同。也正是由于这种不同偏好的存在，所以不但像A女那样的女子能够找到结婚的对象，而且那些与A女性情正好相反的女性也能得到他人的青睐，也能找到结婚的对象。这也就是当年的作文题目所说的"答案是丰富多彩的"的最佳表现，也是婚姻市场中不同的人最终有所归属的最正常的经济学原因之一。

▶ 消费者偏好

是指消费者对一种商品（或者商品组合）的喜好程度。

消费者根据自己的意愿对可供消费的商品或商品组合进行排序，这种排序反映了消费者个人的需要、兴趣和嗜好。某种商品的需求量与消费者对该商品的偏好程度成正比：如果其他因素不变，对某种商品的偏好程度越高，消费者对该商品的需求量就越多。

5. 彰显与众不同的你
——塑造自身垄断地位

> 为什么聪明的女人不会去模仿别人，而是成为被模仿的对象？

管理学上有一个重要的原理，叫做"木桶原理"。这一原理是由美国管理学家彼得提出的。它是指由多块木板构成的水桶，其价值在于其盛水量的多少，但决定水桶盛水量多少的关键因素不是其最长的板块，而是其最短的板块。这也就表明了任何一个组织都可能面临的一个共同问题，即构成组织的各个部分往往是优劣不齐的，而劣势部分往往决定整个组织的水平。企业的管理水平高低并不是由其管理效率最高的部分——长板——决定，而是由其管理环节最薄弱的环节——短板——决定的。

但是对于个人来说，木桶原理并不一定适用。一个人的能力大小，往往并不是由其短板决定的，而是由其长板决定的。中国有句古话说："样样精通就是样样稀松。"从木桶原理说，就是每块木板都不长，都是短板。而不论是企业，还是个人，要想在越来越激烈

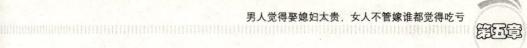
的经济活动竞争中立足、成长与发展，最需要的不是每块板都差不多长，而是有一块木板要特别长。也就是说，你可以有自己的缺点，但是更要有别人不可能替代的优点。

在婚姻市场中也是如此，如果一个人在各方面都很平庸，没有一定的优势，那么在婚姻这个竞争激烈的市场中也不可能具有足够的竞争力，必然会成为市场中的被选择者，甚至是被淘汰者。因此，要想在婚姻市场中占优势，就要提高自己，使自己有一定的长板，从经济学上来说就是要塑造自己的垄断地位。

很多人对垄断企业非常反感，比如微软就一直为此被许多企业或政府提起反垄断诉讼。但是在市场力量之下，垄断日益成为规律，而不是例外。一个企业要想在市场中占据一定的地位，要想立于不败之地，就必须塑造自身的垄断地位。正如美国前财政部长萨默斯所说："生产任何东西的唯一激励是拥有暂时的垄断力量——因为没有这种力量，就无法收回高额的固定成本。不懈追求垄断力量成为新经济的中心动力。"意思是说，任何企业要想生存，就要有一定的垄断地位。即便是在完全竞争的市场中，各个企业也有其独特之处，而独特之处便是其垄断地位。**在婚姻市场中，个人不同于他人的优点，个人受买方市场欢迎的特性便是其特殊优点，也就是其垄断地位。**

既然垄断地位如此重要，那么个人应当如何塑造自己在婚姻市场中的垄断地位呢？以女性为例，个人的垄断地位可以从以下3个方面来塑造：

一　性格资本。性格决定命运，性格也是你吸引别人和取得成功最重要的因素。有时候一个男人爱上你，就是先爱上了你的性格。温柔、内敛、谦和、善解人意、安静、沉着、细腻、注重生活细节、热爱孩子……这些都是大多数男性心目中理想女性的个性。

性格可以是天生的，也可以是后天改造的。有些人得天独厚，天生就富有性格魅力，但是大多数人是没有那么幸运的，我们能做的就是努力提高自己的修养，打造好的性格。在婚姻里，两个性格相对和谐的人更容易沟通，也更容易得到幸福。

二　品位资本。品位是一个人去观察事物时的态度，同样的东西在不同人的眼里是不一样的，东西本身的价值大小与品位的高低没有关系。在某些程度上，一个人的品位与她的气质是相辅相成的，品位的高低取决于一个人在日常生活中对事物的独到看法。每个人都应该培养自己的品位。一个廉价的饰品只要戴出个性，也能够表现出自己的品位。品位和外表的关系不大，很多具有高雅品位的艺术大师都只有一张平凡的脸，但是他们却以品位胜出。女人也是如此。

三　学识资本。学识资本丰厚的女性一般处于生活的最上层，享受的生活机遇比一般女性更充分，如受教育的机遇、职业机遇、婚姻机遇、获取高报酬的机遇等，可以说，学识能给女性带来最大的快乐。

拥有美貌不错，但这只是一个形式而已，它只会带给你瞬间的愉悦，而不会伴随你的一生。学识却可以陪伴你一生，不会随着时间流逝而贬值。不断提高自己的学识，是你充实人生的最好方法。拥有学识是很重要的，因为它是帮你完成人生目标的基础。一个女人拥有美貌多了一条成功的捷径，但拥有学识却为你所憧憬的目标的实现奠定了基石。学识与修养和素质是分不开的。拥有学识会使自己变得很独立，很有主见，能力也是不言而喻的。

四　智慧资本。说到智慧，人们常常会与知识联系在一起，事实上，两者之间有着很大的不同之处。假如你是一个拥有硕士、博士学位的人，但是你不能运用自己的知识，那么你顶多只算得是一个学富五车的学者，绝对不能说是一个有智慧的女性。智慧的女人善于在得失之间权衡，进退之机把握得宜；她们充满自信却不自大，谦和却不自卑，性格独立却不霸道；她们一心追求美丽前程，却没

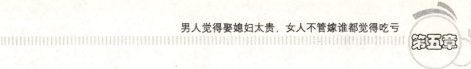

有忘记丈夫和家庭。女人除了要有智慧，还要懂得用好智慧，让自己的智慧在合适的地方发光。真正打动男人心灵的女性也正是拥有智慧的女性。女人举手投足间的自信，温柔知礼的气质，同甘苦共患难的情义，乐观向上的人生态度，都是智慧。

其实无论对于男女来说，想要在婚姻市场中占据有利的地位，能够寻找到更好的结婚对象，首先要做的不是去努力寻找，而是"打铁还得自身硬"，努力地去塑造好自己的垄断地位。这样，即便你进入婚姻市场较晚，也会是市场竞争中无可争辩的优胜者。

▶ 垄　断

又称卖者垄断，一般指唯一的卖者在一个或多个市场，通过一个或多个阶段，面对竞争性的消费者，它与买者垄断刚刚相反。垄断者在市场上，能够随意调节价格与产量，使自己能够获得最大的经济效益。

6. 为什么现在大多数国家都实行一夫一妻制
——资源分配

> 一个茶壶难道只能配一个茶杯吗？

1988 年香港上映了一部由周润发、王祖贤等主演的名为《大丈夫日记》的喜剧片讲了如下一个故事：

> 周定发任职于香港中环的一间金融机构。在一个偶然的机会，他同时认识并爱上两位佳丽：做空姐的萨丽和开时装屋的祖儿。周定发在两个女人间抉择，难以割舍其一，于是就分别在法国与美国同两个人登记结婚。为了不让萨丽和祖儿互相知道对方的存在，周定发在好友志雄的帮助下在两人之间竭力周旋。但是纸里包不住火，在祖儿的结婚周年纪念日将要来临之际，两个女人终于发现了真相。萨丽和祖儿气愤不过，遂决定联手整治周定发。可是由于两个女人都还深爱着周定发，没有忍心下手。最后，周定发加入了印度的多妻教，可以娶4个妻子，这才解决了这个问题。

电影到此结束，但是问题绝对没有解决，因为婚姻不是法律允许与否的事，而是一个经济学上的问题。在当前世界范围内，一夫一妻制是主流，有90%以上的人口在夫妻关系上是奉行一夫一妻制的。很多人认为一夫一妻制是人类文明进步的原因，是女性地位提高的原因，这也许有一定的道理，但是经济学家并不这样认为。

诺贝尔经济学奖得主加里·贝克尔认为，婚姻的结合与离异，以及一夫一妻、一夫多妻等都是受市场规律支配的结果。贝克尔认为："一夫多妻婚姻的式微，并不是宗教熏陶和女权运动致力争取的成果，而是经济收益变化使然。一夫多妻制中，妇女的人数超过男人的人数，妇女的相对收入减少，丈夫花费在每个妻子和她的孩子身上的时间和收入会随妻子数量的增加而下降。换句话说，妻子人数愈多，她们的边际收入愈少。"因为资源是稀缺的，丈夫的收入又是固定的，不可能会在短期内增加很多，但是如果妻子的人数增加，那么丈夫在对每个人的资金投入量上必然会减少。同时，一个人的感情也是有限的，如果投入在一个人身上则是全部，而如果投入到两个人身上则每人得一半；如果妻子的人数不断增加，那么每个人所得到的感情也会越来越少。当然，时间也是如此。所以说，资源的稀缺性使每个妻子所能得到的感情与物质的投入会越来越少，当少到她的预期时，自然就不会愿意嫁给一个有妻子的男子。

在封建社会中，女子往往是男子的玩物，她们被训练为男人的"尤物"。由于男女各自拥有自身的产权的程度不同，根本就没有平等的地位，即使是一夫一妻，妻子也只不过是丈夫的私有财产和附属品。

但是随着历史的发展，妇女拥有自身产权的程度日益增加，她们的社会地位也日益提高，婚姻制度于是发生了根本性的改变。这种变化是从经济地位的变化开始的：

在劳动分工中，女性对社会的贡献逐步增加，经济地位提高，于是话语权也在增长。妇女与男子在家庭经济体制中能起同样大的作用，没有她们来储存、准备食物、管理家务、收拾房间、洗衣做衣，男人甚至不能生活，更不用说工作。再加上最近一个世纪以来，随着女性受教育程度的提高，经济地位和社会地位提高，她们的自身产权基本趋向完全。据新华社 2002 年 11 月公布的社会调查称，中国的女性在经济生活中真正地撑起了"半边天"。全国妇联提供的数字表明，农村生产劳动力中妇女占 65.6％；城市从业人员中女性约占 47％，女性从业人员占城市女性总数的 85％，分别比世界平均水平高出 11 个和 20 个百分点。

随着女性社会地位的提高，很多女性的收入不比男性少多少，甚至有的女性成为男女双方中经济收入比较高的一方。而且女性在意识方面也表现出明显的优势，能够与男性一争高低。在这种情况下，女性不再像过去一样只有依赖男性才能生存，所以就不可能再愿意与"她人"共用一个男人。当有些男人为自己的花心辩解道，你见过一个茶壶配一个茶杯的吗？这种荒谬的言论也遭到了一致驳斥。

在开篇所提到的电影中，萨丽是一个空姐，祖儿经营一家时装店，两个人都是有独立经济能力的女性，而且都是优秀的女性，在现实生活中，可能会同时爱上一个男人，但是在她们的意识中，不可能与其他女性共侍一夫。即便周定发加入了印度的多妻教，从法律上来讲可以娶两个老婆，但是从经济学上却是不可行的。最终电影以三个人结婚收尾，这正如童话结局——王子和公主从此以后过着快快乐乐的生活——一样，完全是骗人的，因为王子和公主会为看 CCTV－5 的《体坛快讯》，还是看 CCTV－6 的《光影星播客》吵架呢，更何况两个公主要分的不是一台电视，而是一个大街上一划拉就能找一打的男人呢！

▶ 资源配置

资源配置是指资源的稀缺性决定了任何一个社会都必须通过一定的方式把有限的资源合理分配到社会的各个领域中去，以实现资源的最佳利用，即用最少的资源耗费，生产出最适用的商品和劳务，获取最佳的效益。资源如果能够得到相对合理的配置，经济效益就显著提高，经济就能充满活力；否则，经济效益就明显低下，经济发展就会受到阻碍。

第六章

"我真没想到你竟然是这样的人！"

　　不管是有才的、没才的都认为自己有才，不管是有貌的、没貌的都认为自己有貌。郎才女貌似乎是亘古不变的择偶标准，或者是匹配准则。可是不论才郎还是貌女，在很久之后都会被对方发现"不过如此"，当初横生的爱意，如今顿消，开始互相指责，互相不满，动辄以"你看你，不如人家某某某"等等。事实是如此吗？你的某某某果真不如人家的某某某吗？也许对方也在认为 TA 的某某某不如你的某某某呢？这到底是什么原因造成的呢？经济学家告诉我们，这是因为信息不对称，是因为信息失真，信息不完全。想要知道具体的原委吗？你一定会想知道，那么请看本章！

1. 卓文君与司马相如为什么要私奔
——门当户对才对称

贾宝玉为什么不能娶林黛玉？

　　卓文君是西汉临邛大富商卓王孙的女儿，丧夫后许多名流向她求婚，她却看中了穷书生司马相如。某日席间，司马相如一曲《凤求凰》，多情而又大胆的表白，让久慕司马相如之才的卓文君，一听倾心，一见钟情。可是他们之间的爱恋受到了卓父的强烈阻挠。卓文君凭着自己对爱情的憧憬，对追求幸福的坚定，以及非凡的勇气，毅然在漆黑之夜，逃出卓府，与深爱的人私奔，当垆卖酒为生。生活艰难，但两人感情日深。后来司马相如的文采得到汉武帝的欣赏，武帝非常喜欢他的《子虚赋》，召他入宫，司马相如又作《上林赋》，武帝大悦，赏赐他很多财宝，又留他在朝为官，司马相如一夜之间名震朝野，成为达官贵人。回到临邛之后，卓王孙隆重地接待了他。

　　司马相如与卓文君为什么要私奔？因为一富一穷，门不当、户不对。而司马相如得到武帝赏识回来之后，又为什么得到了卓王孙的隆重接待？因为一富户，一权贵，门当又户对。在古代，父母为子女选择结婚对象的第一要义就是要门当户对，在《西厢记》中也是如此。张生与崔莺莺虽然真正有爱情，但是张生想要娶莺莺必须

得满足崔母的一个条件：考中状元。因为张生是个穷书生，而崔家则是有权有势的人家。有权有势的人家怎么能配个穷小子？根本就门不当、户不对，而张生要改变现状就只能考科举，而且还得中个头名。假如张生是个园丁，莺莺也不可能看上他，因为园丁没有前途，不可能会中个状元回来娶她。

"门当户对"在反封建思想的狂热年代被看做是"过时的"、违反人性的婚姻观念，但是实际上，门当户对的婚姻选择观念是有着一定的道理的。从经济学的角度来解释，门当户对也是可以解释清楚的，因为这一婚姻选择观念符合了"信息对称"的信息经济学原理。

还是以贾宝玉的结婚对象选择为例。贾宝玉出生在金陵四大家族之一的贾家。所谓金陵四大家族是指"贾、史、王、薛"：贾不假，白玉为堂金作马。阿房宫，三百里，住不下金陵一个史。东海缺少白玉床，龙王来请金陵王。丰年好大雪，珍珠如土金如铁。

薛宝钗是薛家的大小姐，除了人力资本上有优势，还能给贾府带来物质财富和社会关系网络。而林黛玉则是父母双亡、寄人篱下的小姐，根本没有一点社会关系，物质财富也不丰富。从这一方面来看，贾宝玉与薛宝钗是信息对称的。二人结婚之后出现的情况只会是如王熙凤说的"不是东风压倒西风，就是西风压倒东风"，而绝对不会出现因社会地位的差别而出现夫妻关系中的地位过度不平等。

在现代社会中，虽然谈不上通过门当户对的结亲以稳固家族的根基，但是在相同的经济基础及教育背景下成长起来的人，有更大的概率具有相近的消费倾向和价值观，它能让夫妻双方感到愉悦，增加婚姻所得。假如焦大不幸被黛玉的忧郁气质所深深吸引，爱得无法自拔，那么即使两人生活在一起，也是无法沟通的，必然也是不可能幸福的。

约会要去　　必胜客

从理性人假设来分析，个体为实现利益最大化，低质量（包括对社会阶层、个人财富、家庭背景等综合因素所做的质量评估）的还是希望与高质量的异性配成一对。但从整体上看婚姻，资源最佳的配置模式应该是社会中每个适龄男女都达到帕累托最优。所谓帕累托最优，就是指这样一种状态：在不使其他人境况变糟的情况下，而不可能再使另一部分人的处境变好。如果一种变革能够使没有任何人处境变坏的情况下，至少有一个人处境变得更好。一般地说，如果一个社会的现状不是处在帕累托最优状态，就存在着帕累托改进的可能。相应地，如果没有任何帕累托改进余地，就意味着现状已经达到了帕累托最优的状态。

如果两个都拥有较高生活质量的人结合，那么两人帕累托改进的可能性极大，就越能实现个人效用的最大化；而与境况稍差的人结合的话，则可能导致个人效用的减少。因此，从整体上看，门当户对的选择是较符合逻辑的。

所以说，曾经被我们看成过时与老套的"门当户对"的观念，有其存在的合理性。实际上，那些门不当、户不对的爱情也许很美，但是却是凄美的。而这种婚姻不仅会遭到当事人双方父母的反对，在久而久之之后，因为两个人之间的信息不对称而造成的差别，结局肯定也不会好到哪里去。聪明伶俐又渊博异常的黄蓉会看上又笨又傻的郭靖，并且在结婚之后还算幸福美满，这样的事只能发生在充满幻想的武侠小说里。

▶ 信息对称

是指在市场条件下，要实现公平交易，交易双方掌握的信息必须对称。换句话说，倘若一方掌握的信息多，另一方掌握的信息少，二者不"对称"，你这交易就做不成；或者即使做成了，也很可能是不公平交易。

2. 不要让自己成为他人眼中的次品
——逆向选择

> 装深沉的男人容易被淘汰？

在二手车市场上，几乎所有的车都被刷了一层新油漆。但是谁都知道，这些车中，有的几乎是全新的车，而有的则几乎是将要报废的。但是作为一个普通的买家，根本不可能分辨出众多二手车中哪一辆是几乎全新的，哪一辆是几乎报废的。卖家则对这些信息了如指掌，但是他们不愿意透露。事实上，卖家之所以将所有的车都刷上一层新油漆，也许正是为了使坏车看起来稍好一些，好车则会更好看一些，希望能够卖一个更高的售价。然而，买家根本不可能掌握卖家所掌握的关于二手汽车的信息，也就是说，交易双方产生了信息不对称。因此，拥有充分信息的卖家可以利用买家对信息的缺乏而损害其利益，以达到自己的利益最大化。

买家因为不知道二手车的好坏之分，所以就理所当然地压低二手车的价格，把所有的车都当成是坏车。即便几乎全新的车，买家也会因为信息的不充分而认为是坏车，也就不会给出自己原本愿意支付的价格。而卖家也会对此做出反应：因为好的二手车跟坏的二手车价格差不多，所以他们就不愿意将好车拿来卖，而是只卖破烂不堪的二手车。卖家的这种选择在经济学上被称为"逆向选择"。所谓"逆向选择"，就是指由于交易双方信息不对称和市场价格下降产生的劣质品驱逐优质品，进而出现市场交易产品平均质量下降的现象。

按照这一情况来看，二手车市场将不会有太多的人光顾：卖家卖的车全是坏车，价格很低，赚不到利润，就不愿意进入市场；而买家本来到二手车市场的目的就是要少花一些钱买到性价比比较高的车，如果买家知道自己在二手车市场上无论花多少钱也只能买到坏车，那么就不愿意去二手车市场交易。

实际上，**在婚姻市场中也存在着"逆向选择"。所谓逆向选择，就是好的没选着，偏偏选中了次优的或劣等的**。台湾著名作家李敖曾经说过：一个没才能、没骨气的男人追求女孩所花费的时间的机会成本是很低的，而且他们在追求女孩子时，往往会以"哈巴狗"、"癫皮狗"、"疯狗"的精神，委曲求全，死皮赖脸，穷追猛打，全力以赴，不达目的誓不罢休；而那些有才能、有骨气的男人追求女孩所花时间的机会成本会很高，并且他们在追求女孩时，通常都会有这样一种心理：像我这样不错的男人，世界上并不多，"天涯何处无芳草"，何必非要在一棵树上吊死不可？如果她不爱我，不是我不够好，而是她的眼光有问题。结果这两种情况会给女孩子留下不同的印象：一是劣质的男人虽然没有太大的能耐，但是却非常爱自己——天天缠着自己就是证明，而另外那个男人虽然优秀，但是却对自己并不是很上心，自然也显得没有那么爱自己了。这样，就很容易发生逆向选择的现象。最优秀的男人被淘汰，而想要找到最优秀男人的女人也没有达到自己的目的，到结婚之后才发现，自己找到的是一辆相对较差的二手车。

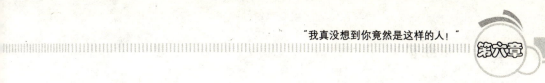
　　"逆向选择"导致二手车交易不能更好地进行。但是二手车市场交易者却找到了可以避免这种现象的机制。经济学家乔治·阿克洛夫在一篇名为《"次品"市场：质量不确定性与市场机制》的论文中提出了解决二手车市场上因信息不对称而引起的不合意问题的方法。他提出，在这种质量不确定的市场中，要进行正常的交易，就需要引入一种机制，使交易双方都能达到自己的利益最大化，以确保市场的正常运行。这种机制所要做的就是平衡市场交易所需要的信息。也就是说，这一机制必须把卖家所掌握的信息传递给买家，使双方的信息达到对称，这时交易就能正常运行了。二手车市场需要由中间商对二手车进行鉴定，然后对各种质量不同的二手车做出评价，如实提供关于二手车的质量及新旧程度的信息。中间商作为汽车检验专家能对二手车做出正确的鉴定，这就获得了卖家的信息。与此同时，卖家为了将车以更好的价格卖出去，也愿意将车的相关信息披露给中间商。通过中间商的信息传达，交易双方的信息达到了对称，也就会进行交易，市场也就能够运作起来。当然，中间商也自然会从中获得一定的费用，以作为其使市场运行的报酬。

　　由此我们可以看到，在许多情况下，人们都是通过中间商来进行交易的。通过这种机制，交易双方都能够达到信息的对称，从而确保交易的进行。在婚姻市场中所出现的比较次的选择，导致很多人甚至不愿意进入婚姻市场。其实这也是有办法解决的：

　　首先，扩大信息的搜寻对象。为了寻找到最适合的伴侣，男女双方一般都应尽可能地扩大搜索对象和范围。当然，如果在搜寻领域，被搜寻对象的素质同自己差不多，那么一般更容易寻找到自己满意的对象。

　　按照约定俗成的不成文规则，现在谈恋爱，一般女性都处于被动地位，等着男孩来追。所以，当男孩发现自己对哪位女孩有好感时，应主动向对方发出感觉不错的信息；而当女孩发现有男孩在追自己，哪怕对对方不是特别了解，但初步印象尚属不错的话，最好不要一口回绝，完全可以以"咱俩之间了解得还不够"等为理由，给双方一个进一步了解的机会。当然，女性也完全可以更主动些，向自己满意的男孩发出表示好感的信息，因为现实中优秀的男孩往往显得更孤傲一些，他对事业也更专注一些，加之有些不错的男孩，恰如卢梭所说："在最心爱的女人面前灰溜溜地垂涎三尺也不敢吭声。"如果女孩只是被动地单等男孩来追，本来很爱那位男孩（而事实上这位男孩也同样爱着这位女孩），但男孩或是由于胆小或是由于别的种种原因，没有主动去追，于是"遗憾"和"悲剧"就经常发生。无论谁都有爱别人的权利；无论谁也都有接受与不接受他人感情的权利。

其次，一旦"圈定"了候选对象，就要多掌握一些候选人的信息，以便进行比较、择优。也就是说，搜索伴侣一般要经历不断的"试错"过程：彼此交谈、沟通，试着去了解对方，然后看多大程度上合适。当然，如果更深入地分析，搜集信息也是有成本的，比如精力、时间等。尤其是时间，花费很多，但你寻寻觅觅、多方比较，总比结婚之后才发现自己所找的原来是个绣花枕头要强得多。

再次，作为一个优秀的人，不论是男是女，有骨气是对的，但是不能有架子。如果好不容易"煞"到自己中意的对象，不要轻易放过；如果对方没有选择自己，不妨多展示一下自己，让对方发现自己的好处，而不是隐藏自己，结果使自己成为他人眼中的次品。

总之，婚姻中很有可能因为信息的不对称而出现逆向选择。而且越是优秀的人越容易被"逆向选择"淘汰，所以要学会展示自己，

"我真没想到你竟然是这样的人！"

第六章

把自己的竞争优势表现出来，免得成为二手车市场上那些被认为是报废的车。

 **逆向选择**

由于交易双方信息不对称和市场价格下降产生的劣质品驱逐优质品，进而出现市场交易产品平均质量下降的现象。在现实的经济生活中，存在着一些和常规不一致的现象。本来按常规，降低商品的价格，该商品的需求量就会增加；提高商品的价格，该商品的供给量就会增加。但是，由于信息的不完全性和机会主义行为，有时候，降低商品的价格，消费者也不会做出增加购买的选择，提高价格，生产者也不会增加供给的现象。此之谓"逆向选择"。

3. 怎么会捡到一个破油盏
——信息隐藏

> 我决定爱你一万年，就会爱恋不会再有欺瞒吗？

有这样一则笑话：

一位优秀的商人杰克，有一天告诉他的儿子。杰克：我已经看好了一个女孩子，我要你娶她。儿子：我自己要娶谁作新娘，我自

139

己会决定。杰克：但我说的这女孩，可是比尔·盖茨的女儿喔！儿子：哇！那这样的话…… 在一个聚会中，杰克走向比尔·盖茨。杰克：我来帮你女儿介绍个好丈夫。比尔：我女儿还没想嫁人呢！杰克：但我说的这年轻人，可是世界银行的副总裁喔！比尔：哇！那这样的话……接着，杰克去见世界银行的总裁。杰克：我想介绍一位年轻人来当贵行的副总裁。总裁：我们已经有很多位副总裁，够多了！杰克：但我说的这年轻人，可是比尔·盖茨的女婿喔！总裁：哇！那这样的话……最后，杰克的儿子既娶了比尔·盖茨的女儿，又当上了世界银行的副总裁。

比尔·盖茨与世界银行的总裁之所以答应了他的要求，当然是因为他们不了解情况，他们对杰克儿子的信息了解得不对称，也可以说是杰克把他的儿子的信息选择性地隐藏了。

信息不对称是信息经济学中的一个重要原理。在很多情况下，市场交易之所以不能进行，或者交易的一方之所以没有达到预期的交易目的，主要是因为交易双方的信息不对称。

市场交易双方所掌握的信息如果出现一方多、一方少，或者一方有、一方无的情况，就叫作出现了非对称信息。当交易的主体不是两个而是多个时，只要有一方比其他各方知道得多，或者有一方比其他各方知道得少，这种情况就叫做非对称信息。例如，董事会和总经理之间就存在着信息不对称的情况。董事会聘用了总经理，希望总经理付出劳动和管理才能，使企业赢得最大的利润。但是关于总经理能力的大小、付出劳动的多少、工作努力程度的高低，董事会往往知道得非常有限，而总经理自己最清楚，这实际上是出现了信息不对称。

著名经济学家张五常说："隐藏信息是信息不对称的主要成因。"

为什么会隐藏信息？因为充分披露信息会使自己在交易中处于不利地位，因此便会隐藏信息。最常见的就是商家会隐藏自己的进货价格。一个商家无论赚多少钱，都不可能会向消费者透露自己的成本进价的，因为如果商家说出了自己的成本，就会使消费者重新考虑自己所接受的价格是不是太过高于商家的成本了。很明显，事实肯定会如此，所以商家必然不会把成本透露。在商业竞争中，很多企业都有自己的商业机密，而对于掌握机密的员工，公司一般都会与其签署《保密协议》，以保证自己的机密信息不会被透露出去。在好莱坞电影《惊爆内幕》中，男主角是烟草公司的副总裁，因为违反公司的规定而被开除，但是他仍必须遵守公司与他签订的《保密协议》的规定，不得向任何人透露公司的机密信息，因为公司的机密信息是公司与其他公司竞争、赚取经济利润的有利条件，一旦被曝光就会使公司利益受损，甚至是倒闭。

　　在市场经济中存在着很多信息不对称的现象，而从某种意义上来说，市场之所以存在，也可以说正是信息不对称的存在造成的。其实不仅在市场中，在人们的社会生活各个方面中都存在着信息不对称的现象，婚姻中也是如此。还是在《惊爆内幕》这部电影中，男主角有一个很完美的家庭，有美丽温柔的妻子与一对可爱的儿女。但是就在他曝光烟草公司非法信息的时候，烟草公司却也派私人侦探查出了他的一个不可告人的秘密：他结过一次婚，并且与前妻有一个女儿。这个信息一曝光之后，他的现任妻子就哭闹着要跟他离婚。男主角为什么要隐瞒自己结过婚、并有一个女儿的信息呢？很显然，他隐藏信息对再次结婚是有利的。

　　其实在婚姻中就像在市场经济中一样，很多人也隐藏了很多对自己不利的信息。比如，大多数人在寻找对象和谈恋爱时，展现出

来的总是自己最优秀、最美好的一面，而缺点则是被有意或者无意地隐藏了起来。有的女性觉得非常不明白男人为什么在婚前、婚后判若两人。对于男人其实也是如此。关于男人婚前、婚后的对比，有网络文章如此表述：

关于说话——恋爱时，男人对女人说的话一言九鼎；结婚后，男人对女人说的话一言九"顶"；

关于时间——恋爱时，男人就像块上足了发条的表，围着女人不停地转动；结婚后，女人就像座时钟，围着男人每隔一小时就撞得当当响；

关于广告——恋爱时，女人就像一则广告，时刻勾引着男人的购买欲望；结婚后，女人便成了一件普通的"产品"，这时男人才发现，原来并没有广告中说的那么好；

关于距离——恋爱时，男人和女人是天涯若比邻；结婚后，男人和女人却是比邻若天涯。

男人婚前、婚后之所以有如此巨大的变化，主要是因为信息被隐藏了。而男人或者女人之所以隐藏信息，当然是为了婚姻交易能够进行。而当婚姻交易完成之后，男人的目的就已经达到了，也就不再隐藏自己的信息，所以就会原形毕露，把自己的所有缺点都表现出来了。结果很多人会在结婚之后惊呼："我真没有想到你竟然是这样的人！"到此时后悔已然晚矣，因为婚已经结完了。离婚虽然手续容易办，但事实却难办，所以只好将就着过。

当然，并不是说所有的人所隐藏的信息都对婚姻有着严重的不利影响，比如一个男人可能比较粗心大意，在婚前他却表现得很细心，婚后露出了粗心的狐狸尾巴。但是如果他只是在小事上粗心，并不会影响婚姻，也就不是什么大不了的事。而有一些信息的隐藏则会严重影响到婚姻的质量与持久。所以，应该进行信息的挖掘。那么应该如何让对方透露出自己想要的信息呢？其实方法也很简单，如果你想得到对方的什么信息，就首先透露自己的这方面信息。这样就会使对方不得不透露相关的信息。经济学上把这称作"信息充分披露原则"。当然，如果你想隐藏自己的信息以完成交易，那么就不要想着去挖掘别人的这方面信息，以免露怯。总之，信息隐藏的作用有好也有坏，关键的问题是自己怎么去把握。

▶ 信息隐藏

信息隐藏是指一些企业为了提高自己的竞争力，而故意隐藏自己的一些原本需要公开的信息，结果使对方因为没有得到这些信息而上当受骗的一种不道德的行为。

4. 不离婚却出轨是出于什么原因
——道德风险

> 夫妻双双把轨出，却没有人提过离婚？

日本一前首相说："我们晚婚是因为没钱结婚，我们到现在还没

约会要去　必胜客

离婚是因为离不起婚！"在现代社会中，结婚的成本越来越高，所以很多人迟迟无法结婚，都蹉跎成了大龄青年男女。而还有很多人的婚姻并不幸福，但是却因为离婚成本太高而一直不离婚。

据 2000 年 5 月的《深圳商报》报道，彭某与妻子朱某去年 10 月从湖南到深圳工作。彭先生在龙岗一家房地产开发公司做主管销售。而妻子朱某在宝安一工厂做会计。夫妻二人相距甚远，一周难得见一面。彭先生便对公司售楼处的一位小姐打起了歪主意，两人一拍即合。

"五一"节期间，彭先生与朱某都说要加班。5 日，彭先生在晚上 8 点回到宝安，眼前的一幕令他大吃一惊：妻子正和另一位男人在床上躺着。他将那个男人打得遍体鳞伤。后来在妻子的恳求下，一同把那个男的送往医院。第二天早上，受伤男子的老婆赶到医院。刚一进门，彭先生惊呆了：那男子的老婆竟是自己的情人。后来感情破裂的彭先生跟妻子朱某回到湖南老家办理了离婚手续。

夫妻双双出轨的事在现在已经屡见不鲜，很多人选择了离婚，重新组织家庭，而有的人则更愿意维持现状。有一个中产阶级家庭，夫妻双方都有很高的收入，职业生涯都大放异彩，并且有一双儿女。在外人看来这是一个和美的家庭，孰料夫妻二人感情早已破裂，双双出轨。而双方也都知道对方出轨，可是谁也没有提出离婚，一直维持着现状，甚至两人有时还会对自己的外遇对象就对方征求意见，进行探讨与分析。夫妻都出轨，但是却不离婚，都有外遇，并且还与对方讨论自己的外遇对象，这是一件很可笑、很荒唐的事，但是这种现象的存在却是出乎意料之外，又在情理之中的。从经济学上来讲，这对夫妻的选择是一种双方都存在的不得已的"败德行为"。

道德风险是 80 年代西方经济学家提出的一个经济哲学范畴的概念，即"从事经济活动的人在最大限度地增进自身效用的同时做出

不利于他人的行动。"或者说是：当签约一方不完全承担风险后果时所采取的自身效用最大化的自私行为。败德行为是指行为主体在发动和介入经营活动时有意识地违悖道德原则以求达到自我利润或效用极大化目的的行为。

在经济活动中，道德风险问题相当普遍。获得 2001 年度诺贝尔经济学奖的斯蒂格里茨在研究保险市场时，发现了一个经典的例子：美国一所大学学生自行车被盗比率约为 10％，有几个有经营头脑的学生发起了一个对自行车的保险，保费为保险标的 15％。按常理，这几个有经营头脑的学生应获得 5％左右的利润。但该保险运作一段时间后，这几个学生发现自行车被盗比率迅速提高到 15％以上。何以如此？这是因为自行车投保后学生们对自行车安全防范措施明显减少。在这个例子中，投保的学生由于不完全承担自行车被盗的风险后果，因而采取了对自行车安全防范的不作为行为。而这种不作为的行为，就是道德风险。可以说，只要市场经济存在，道德风险就不可避免。

而市场经济中是存在很多不完全信息的，一个市场从业者根本不可能完全掌握市场的所有信息，所以必然就会出现道德风险。婚姻也是如此。人们之所以通过婚姻这种形式来确定两个人的关系，有一个原因就是出于对两人关系的肯定与保护。如果两个人只是男女朋友的关系，那么双方中的任何一个完全可以随时抽身而去，而且不会受到任何惩罚，不会付出任何的代价，起码不用为离婚而付诉讼费。由于离婚要付出很大的代价，所以很多人以为结婚之后，对方就会收敛很多，不会出现去再寻找其他异性的想法。但正因为两个人中的一方持这种观点，所以就放松了警惕，以为结完婚之后就万事大吉了，就不会出现问题了，也因此而不去注意维护婚姻关系。岂不知正是因为这种不作为才导致夫妻感情冷淡甚至关系破裂，最终出现了出轨现象。

正因为离婚的成本太大，有些人就不愿意离婚，所以虽然感情破裂，一方对另一方的出轨很不满，但是也不会提出婚姻，又为了使自己能够心理平衡，便会做出逆向选择，也会出轨，所以就会出现双双出轨、但是却一直不离婚的古怪现象。这从社会道德上来看是不合理的，但是从经济学的角度来分析却是有几分道理的。只是人不仅仅是理性人，是经济人，更是社会的人。

道德风险

道德风险也称为道德危机，是现代西方经济学家提出的一个经济哲学范畴的概念，即"从事经济活动的人在最大限度地增进自身效用的同时做出不利于他人的行动"。或者说是当签约一方不完全承担风险后果时所采取的自身效用最大化的自私行为。

5. 为什么老婆/丈夫是别人的好
——不完全信息

老婆真的都是别人的好吗？

时下有句话颇为流行：老婆还是别人的好，妈妈就是自己的好！

有很多女性在对自己的丈夫不满时，也经常会说诸如"你看人家某某的丈夫如何如何，再看看你，简直没法比"的话，虽然没有直说丈夫是别人的好，但是言下之意不证自明。为什么老婆或者丈夫总是别人的好呢？

有人给出的原因是，丈夫欣赏自己的老婆和欣赏别的女人所站的角度完全不同：男人看妻子是站在丈夫的角度，丈夫总希望自己的妻子完美无缺，胜人一筹，要"出得厅堂，下得厨房"；而男人看别的女人则大多是从朋友、同事、同学的角度去观察，交往中务必谦恭、友爱，处处表现出自己的绅士风度。从这种思想出发，见别的女人当然可爱之极，人家温柔体贴、美貌楚楚动人，就感觉自己妻子缺乏风度。总之，这种"求全心理"往往以人之长比妻子之短，于是就感到自己的妻子不尽如人意。

实际上，老婆或者丈夫之所以让你觉得是别人的好，不是因为别人的就是好，而也是有着经济学原因的，那就是：不完全信息。

在结婚之前，尤其是在热恋期间，无论是男人还是女人都会觉得对方是最美的，能够比其他人更欣赏对方的优点，对于对方的缺点也会完全地包容。他们常常会想，是人就会有这样或那样的缺点，男人是如此，女人同样不会例外。对此表现得很大度，很宽容。同时男女双方为了给彼此留下一个好的印象，也会刻意隐藏一些自己的缺点。而一旦结婚之后，久而久之，所有的缺点都会暴露出来。如前所述，因为边际效用递减，两个人的优点在彼此眼中会越来越不"值钱"，而做妻子的在柴米油盐和锅碗瓢盆的交响曲中，繁杂的家务使得她难免心有不快，大多数男人又有抽烟喝酒、打牌赌博、常常深夜才归等等缺点，女人难免会唠叨，甚至胡乱发脾气、使性子，常常令男人火冒三丈，无所适从。两个人的缺点使对方

147

都会发出感叹——男人：怎么娶了个如此的悍妻，看看人家某某的老婆多好！女人：怎么嫁了这么个男人，你看人家某某的丈夫多好！

其实这完全是因为信息不对称造成的。两个人结婚之后天天生活在同一个房间里，根本没有隐私可言，所以对对方的了解可以说从头发到脚趾，无一不了如指掌。但是对于婚外的男人或者女人则就不同了。别的女人用不着和你过日子，不用操劳什么吃喝拉撒的事，也不用跟你讨论今天谁洗碗，明天买什么菜这等可能让你觉得很烦的事情，和你在一起的时候，都是些最美妙的时光，因而也没有什么需要唠叨的，也就没有产生矛盾的基础。如果这个女人是你的情人，那说出的话语也尽使你神魂颠倒，既便是为她赴汤蹈火，男人也在所不辞，而情人也会接受你的缺点，因为她看到的大都是你的优点，不用给你洗臭袜子，也不用看到你抠脚丫子的丑态。最典型的例子就是：妻子会把你的打火机从家中扔出去，而情人则会送一个打火机给你。实际上，如果你离婚之后娶了你的情人，那么过不了多久，你的情人也会觉得你不如别人的男人，而你也会觉得你的情人也像你的前妻，甚至有时你会觉得还不如你的前妻好呢。所以你过不了多久，又会发出同样的感叹。在别的男人眼中，你的妻子又是很优秀的。

当然，对于女人也是如此。你看到了你丈夫的所有缺点，所以你会对他非常不满，认为他不如别人的丈夫好，后悔嫁给了他，而不是别人的丈夫。当你跟他人的妻子谈起她的丈夫，夸奖她丈夫的种种好处时，是否也会听到她在抱怨自己丈夫的种种不好之处呢？实际上，每个人都有缺点，每个人的丈夫或妻子都有外人所不知的缺点。但是因为人们在外人面前会刻意隐藏自己的缺点，展示自己美好的一面，而给人造成一种完美的假象。但是维护自己的良好形象是需要劳心劳力的，而家对一个人来说是唯一一个可以完全放松自己的地方，所以在家中，在丈夫或者妻子面前，人们更愿意把自己的弱点展示出来。因此便出现了一正一反的两种不同形象，也就会让人产生"老婆／丈夫还是别人的好"的错误感叹。

▶ **不完全信息**

完全信息是信息对于双方来说是完全公开的情况下，双方在所决定的决策是同时的或者不同时、但在对方做决策前不为对方所知的。不完全信息则是指由于认识能力的限制，人们不可能知道在任何时候、任何地方发生任何情况。

⑥. 为什么一个好女人能够容忍一个烂男人
——路径依赖

> 惯性惯性，惯性出你的臭德性？

一个在父严母慈的传统家庭中长大的男人讲述了自己的故事：

约会要去 必胜客

父亲在县城上班，周末才回家一次，他所有的心思，都在工作上。家里的一切，都由母亲操持。父亲很严厉，几乎从来不笑，几个儿女都怕他。父亲回来的那天，家里的晚饭总要等很晚，母亲将少有的一碗肉或者鸡热了又热。哥哥姐姐会去路口等父亲。父亲不在的时候，我们时常会闹得鸡飞狗跳，看着母亲忙乱却幸灾乐祸，可只要父亲在，母亲就不大留心我们，家里的很多事等着和父亲商量。我听外婆说，母亲当年一心要嫁"文化人"，而父亲恰恰是个"落难"书生。因为父亲工作的变动，我们搬过好几次家，母亲毫无怨言，尽自己最大的努力让我们过得好。男孩长大后离家读书并在遥远的城市成家立业。母亲的形象，给了他最早的关于女性和妻子的认知；父亲在潜移默化中塑造了"丈夫"的榜样；而父母的相处方式，带给他最早的婚姻概念。他没有意识到在选择女朋友以及妻子时，潜意识里有抹不去的母亲的影像——善良、忍耐、任劳任怨；而作为丈夫，他也像父亲一样，沉默、承担。尽管他并不清楚地知道自己未来生活的模样，但从小耳濡目染的有关一个家庭、一种婚姻的模糊而坚固的痕迹，最终左右了他的生活和选择。

美国著名影星、《泰坦尼克号》的男主角饰演者莱昂纳多·迪卡普里奥现年35岁仍然未婚，他一直害怕自己很难找到一个合适的结婚对象，因为心目中理想女友的标准就是他的母亲。他表示："没有人能和我的妈妈媲美。最完美的女人就是我的妈妈，真希望能找到一个像她一样的女孩，这样我会立刻娶她。"

热门美剧《欲望都市》中讲了很多"爱情定理"。其中有一条是：女人总做出相同的选择。几个女人对着镜头说，我总是选择不同的男人。那些人或高或矮，或胖或瘦，身量各异发型各一，职业千奇百怪。可万变不离其宗，他们的处世风格、行为方式如出一辙。当女友第 N 次抱怨她"遇人不淑"时，我忍无可忍：你没发现，你找的永远是同一类人？女友辩驳，待细细一算，可不是？都是独子或家里唯一最小的男孩儿，母亲强势，父亲随和，家境良好，兴趣广泛……这些相似的背景，使得那些个男人性情温和但有时难免懦弱，随遇而安但有失上进，招人喜欢却担不得重任，结果也一直结不了婚。

为什么在父严母慈的家庭中长大的男孩会更钟情于像母亲一样性格的女子，由母亲独自抚养长大的影星会认为最完美的女人是妈妈，还有电视剧中的女主角选择男友总是选择性格相同的人呢？其实并不是其他的女人/男人不好，不适合做结婚对象，而是因为他们都于无形中被一条经济学原理所左右了。那就是：路径依赖。

美国经济学家道格拉斯·诺思认为，路径依赖类似于物理学中的"惯性"，一旦进入某一路径（无论是"好"的还是"坏"的）就可能对这种路径产生依赖。某一路径的既定方向会在以后的发展中得到自我强化。人们过去做出的选择决定了他们现在及未来可能的选择。

有关"路径依赖"的最著名传说是：美国火箭助推器的直径由马屁股的宽度决定。火箭助推器在造好以后要通过铁路运输，中间会经过一些隧道，所以助推器的直径是由隧道宽度决定的，而隧道宽度取决于铁轨宽度。而最早的火车车厢是仿照马车制造的，马车的轮距（4 英尺 8.5 英寸）又来自古罗马，罗马人设定的战车轮距标准由何而来呢？来自牵引一辆战车的两匹马屁股的宽度。

在婚姻与爱情中也存在着各种各样的路径依赖。那些看似毫不相干的习惯性因素，最终决定了一个人的爱情和婚姻。比如父母的

相处模式在潜移默化中影响着我们的婚姻态度；又比如痴男怨女的执迷不悔，纠缠不休中明知对方不爱自己，却不忍放弃。看似偶然的某个因素，在习惯成自然中决定了人们的选择。对选择的习惯性信赖，又让我们在同一路径中滑行，身陷其中，无法自拔。于是，父严母慈家庭中长大的男孩想要成为父亲，更想要寻找一个像母亲一样性格温淑的女子，而莱昂纳多则也是以母亲为标准而迟迟不能接受其他女性，电视剧中的女主角也会习惯性地选择相似的男友，按着某种固有的方式完成爱情的过程，然后在对婚姻的习惯依赖中打发岁月。一旦人们做了某种选择，就好比走上了一条不归之路，惯性的力量会使这一选择不断自我强化，并让你不能轻易走出去。

一个好女人因为荷尔蒙的原因爱上一个烂男人，在开始的时候她以为这个烂男人肯定会在她的爱情感召之下改变自己，变成一个好男人。但是烂男人终究是烂男人，一直许诺改变自己，却一直屡教不改。这个女人因为相信他能改而越来越习惯他，结果最后虽然不相信他能够改变了，却习惯成自然而不能或者不愿意摆脱他而去改变自己，形成了可怕的错误的路径依赖。

路径依赖原理给我们一个重要的启示：甩掉过去的包袱（不管是成功的还是失败的），重要的是未来，不要为打翻的牛奶而哭泣。在婚姻中当然更要如此，当路径依赖使自己做出错误选择或者使自己陷入错误的关系中不能自拔时，就要尝试去改变自己，改变自己的择偶标准，改变自己对异性的看法。只要观念上进行一下改变，那么一切也许就会有极大的改观。

路径依赖

　　路径依赖类似于物理学中的惯性，事物一旦进入某一路径，就可能对这种路径产生依赖。这是因为经济生活与物理世界一样，存在着报酬递增和自我强化的机制。这种机制使人们一旦选择走上某一路径，就会在以后的发展中得到不断的自我强化。在一定程度上，人们的一切选择都会受到路径依赖的可怕影响，人们过去做出的选择决定了他们现在可能的选择。

7. 媒婆两头挨骂为哪般
——选择性披露信息

> 媒婆为什么只说好，不说差呢？

　　著名经济学家吴敬琏认为，"中国的股市很像一个赌场，而且很不规范。赌场里面也有规矩，比如你不能看别人的牌。而我们的股市里，有些人可以看别人的牌，可以作弊，可以搞诈骗"。因为法制的不健全，中国股市确实存在很多的问题，其中一个重要的问题就是上市公司的信息不完全公开。这是违反常理的，对股民造成了极大的不利。所以在 2006 年 9 月 15 日，深交所发出公告，对湖北博

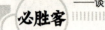

盈投资股份有限公司总经理陈旭晖违反公平信息披露原则的选择性披露行为进行公开谴责，并予以处罚。人们为什么要选择性地披露信息呢？

因为信息披露具有经济后果，管理者当局就有可能为了特殊利益选择性地披露信息，从而产生了选择性信息披露。选择性信息披露是上市公司根据自身需要和某种特殊目的有选择性地披露信息的行为。根据社会心理学的印象管理理论，选择性信息披露主要通过影响投资者的预期来实现自身利益。印象管理理论认为，在任何环境下人们总是试图通过自己的行为给他人留下尽可能好的印象，影响投资者可能获得的信息，也就间接控制了投资者的预期和决策。信息不对称即是通过选择性信息披露左右了投资者的投资倾向。

一些企业之所以进行选择性信息披露，主要是因为如果完全公开信息就会造成对自己的不利，公司的利益会受损。为了自身的利益，一些不良公司便对信息进行部分披露：对有利于自己的信息广泛进行披露，而对自己不利的信息则尽量进行隐藏。在婚姻市场中也存在这种现象。

有一则笑话是这样讲的：从前有个媒婆，巧舌如簧，能说会道，她要是给谁牵个线、搭个桥，没有不成的。一次，她又拿出了自己的"绝活儿"，硬是把一个没有鼻子的小伙子和一个豁唇的姑娘撮合到了一块儿。

她先来到女方家："人家那小伙儿，老实厚道能干活，烟酒不动不要钱，哪样都好，现在看就一样差点，我还不能不说，就是眼下没什么。"姑娘心想：眼下穷点儿、困难点儿算啥？钱是人挣的，只要肯干就好。再说咱自己啥模样还不知道吗？人家不嫌弃咱们就烧高香了——女子这边自然是满心欢喜地答应了。

又来到男方家："人家那姑娘，没比的了。炕上地下，屋里屋外，样样拿得起、放得下。实不相瞒，哪点都好，就是嘴不太好。"男方一听，心里想：嘴不好管啥？嘴碎、磨叨点儿，就是愿意骂人又能咋的？咱自个儿一马平川，啥德性还不知道吗？只要人家姑娘不挑咱，就比啥都强了……

成亲之日真相大白。一对新人，你瞅瞅我，我瞧瞧你，自知上了巧嘴媒婆的当。媒婆通过巧妙的语言把两人都骗了。两人都去骂媒婆，但是也没有办法改变现状。媒婆的做法是巧用了歧义，但是也属于选择性披露信息的一种。**实际上在很多婚姻关系中，尤其是在婚姻关系建立之前，都存在着或多或少的信息选择性披露现象。**

选择性信息披露也有其有利的一面。在好莱坞电影《全民情敌》中，靠帮助他人追求女性为生的希什在帮他的一个顾客阿伯特——一位性格温顺、大腹便便的会计师——追求美艳而名声显赫的女明星阿莱格·科尔时，遇到了跟在阿莱格屁股后面的娱乐记者莎拉·麦拉斯。身为爱情专家的希什虽然热衷于自己的职业，却仍是个单身汉，与莎拉的不期而遇使他感到自己已经不可救药地爱上了她，但是他却迟迟不敢告诉莎拉·麦拉斯自己的职业，因为她早就听说了有这么一号人——一个令所有女人都讨厌的，帮笨蛋男人追求女人的约会专家。所以他只好选择性地披露自己的信息。而他这样做并不是欺骗莎拉·麦拉斯，而只是怕因此而被莎拉·麦拉斯甩掉。

事实上，如果莎拉·麦拉斯一开始就知道他的职业是约会专家，是帮助男人骗取女人芳心的高手，那么他给莎拉·麦拉斯留下的第一印象就是令人讨厌，也就不会在后来与之产生感情。事实也证明，他的做法是正确的：后来莎拉·麦拉斯知道了希什的可恶职业，虽然将他一脚踢开，但是却仍然对他念念不忘，以致最终因为情感战

胜了愤怒，两人终成眷属。选择性披露信息对自己有利也有弊：如果你隐藏的信息是对方在接触之后能够接受的，那么不妨在开始时，为了能够增进关系而将其隐藏；但是如果你所隐藏的信息在日后会对彼此关系产生极为不利的影响，那么不如趁早公开，免得浪费了彼此的时间、金钱与感情。

▶ 选择性信息披露

选择性信息披露是指企业为了维护自己的利益，在披露必要信息时，并不完全公开，而是对所要披露的信息进行筛选，找出对自己的企业有利的信息进行披露，而把对企业不利的信息一笔带过，或者根本不提，只选择好的信息披露，以免不良信息的披露对企业造成不利影响。

8. 闻名真不如见面
——信息失真

怎样避免流言蜚语的中伤？

据说，在 1910 年，某部队一次命令传递的过程是这样的：

少校对值班军官：明晚 8 点钟左右，哈雷彗星将可能在这个地区被看到，这种彗星每隔 76 年才能看见一次。命令所有士兵着野战服在操场上集合，我将向他们解释这一罕见的现象。如果下雨的话，就在礼堂集合，我将为他们放一部有关彗星的影片。

值班军官对上尉：根据少校的命令，明晚 8 点，76 年出现一次的哈雷彗星将在操场上空出现。如果下雨的话，就让士兵穿着野战服列队前往礼堂，这一罕见的现象将在那里出现。

上尉对中尉：根据少校的命令，明晚 8 点，非凡的哈雷彗星将身穿野战服在礼堂中出现。如果操场上下雨，少将将下达另一个命令，这种命令每隔 76 年才会出现一次。

中尉对上士：明晚 8 点，少校将带着哈雷彗星在礼堂中出现，这是每隔 76 年才有的事。如果下雨的话，少校将命令彗星穿上野战服到操场上去。

上士对士兵：在明晚 8 点下雨的时候，著名的 76 岁的哈雷将军将在少校的陪同下，身着野战服，开着他那"彗星"牌汽车，经过操场前往礼堂。

从少校的命令传达开始，到士兵得到信息，这个信息已经变得不能再离谱了。信息经济学中把这种现象叫做信息失真。

我们都知道"三人成虎"与"曾参杀人"的故事，纳粹头号人物之一的戈培尔说："谎言重复一千遍就变成了真理。"信息在传递过程中会失真的问题是存在的，并且是有着很大的影响的。传统经济学认为，在社会经济活动中，信息的获取、处理和传递是无偿的，至少其成本是可以忽略不计的。但是，随着经济学研究的深入发展，特别是社会信息化进程的不断加快，人们认识到，信息的获取、处理和传递需要支付成本，有时这种成本还是很大的。企业所有关于信息问题所花费的成本在经济学上称为信息成本。信息成本是企业的隐性成本之一。其中由于信息失真带来的成本——信息失真成本——又是企业信息成本的重要组成部分，并且它比一般的信息成本的表现更隐蔽、更难于被认识。

信息失真不仅要加大传递信息的成本，在很多时候，信息失真还会造成企业的巨大损失。因为整个社会都要受信息的影响，人们的日常生活也会受信息的影响，婚姻同样也会受信息的影响，信息失真有时候会对婚姻造成各种不便。

正如我们在前一节所讲的故事一样，媒婆的巧言骗过了双方，使用的是选择性信息透露的原则。而有的时候并不是所有的人都像媒婆一样故意选择性地透露信息，而是信息在传递过程中走了样，导致了男女双方的关系，尤其是在还没有确立时出现了不必要的麻烦。

周龙在大学的时候交了一个女朋友，分分合合好几次，最后毕业时因为两人对工作的坚持而最终分手，分别去了不同的城市。周龙在很长一段时间内都没有再结交异性，甚至一度想成为一个独身主义者。但是后来在家庭的压力下，决定去找一个合适的女性结婚。他的生活由原来的工作、工作、再工作，变成工作、相亲，工作、再相亲，后来终于选定了一个年龄相仿的女性作为结婚对象，而那个女生对他也相当满意。然而在两人确定关系不久之后的某一天，女方却提出分手。周龙百思不得其解，数次追问女方原因何在，女方都没有回答，直到后来才告诉他，是因为他过于风流，怕婚后难以忠诚地对待婚姻。周龙对此十分惊讶，自己一共只交过一个女朋友，并且与她分手之后在工作之余根本没有与任何异性接触过，"过于风流"真不知从何说起。

在追问之下，他才知道原来女方是从她的一个同事那里听说的，而那个同事恰巧认识一个他大学时的同学。他的同学告诉那个同事说，他在大学时交过女朋友，并且分手过多次，但是没有交待清楚他只是与同一个女同学分分合合好几次。结果就造成了信息失真现象。后来在解释清楚之后，两人才和好如初。

流言蜚语也许是婚姻最难以躲避的子弹，而流言蜚语同时也往往是失真的信息。可是就是这失真的信息却往往导致婚姻交易的失败或者婚姻关系的破裂。

对于企业，应建立相应的机制，来避免信息失真现象的发生，可有以下 3 个步骤：

首先，在企业内部要理顺信息传递机制和渠道。这里有一条最主要的原则，即任务与利益相分离的原则。了解竞争对于信息或整个行业、市场发展状况，理应成为一种普遍的方式。这样做，就可以减少由于利益相关而造成的信息失真成本。

其次，充分利用现代信息技术，减少信息传递的中间环节。随着信息化建设的深化，企业将向扁平化方向发展。这种扁平化的企业组织将可以最大幅度地降低信息失真成本。

再次，要建立一整套避免信息失真的保障制度和办法。比如，在企业里对那些虚假信息的提供者要给以相应的处罚，要改变那种"吹牛不上税"的传统观念，给"吹牛"行为课以重"税"，施以重罚。

而婚姻则相对复杂得多，因为婚姻不能用明确的规范来规定对方的行为，更不能对他人的言论进行约束，所以就会复杂、难办得多，但是也许很简单，也许只需要两个字——信任。

　　也许婚姻真如同歌词中所唱的："爱真的需要勇气，来面对流言蜚语，只要你一个眼神肯定，我的爱就有意义，我们都需要勇气，去相信会在一起。"

▶ 信息失真

　　信息失真是指信息在传递过程中出现了错误，使信息从发出点到最终接收点时已经走样失真的现象。信息成本是企业的隐性成本之一。其中由于信息失真带来的成本——信息失真成本——又是企业信息成本的重要组成部分，并且它比一般的信息成本的表现更隐蔽、更难于被认识。

第七章
结婚前没你不能活，结婚后有你活不了

　　人生就是一场博弈，与天斗，与地斗，与人斗，其实就是一场"天、地、人"的博弈三部曲，各有不同，又同时进行，而婚姻也是如此，婚姻也是两个人的博弈过程。男女双方一旦进入围城，就会成为围城中的两只困兽，一直斗个不停。有的人在争斗中越斗越勇，而有的人则在婚姻争斗中败下阵来，输了爱情，丢了婚姻。总之，婚姻是一个博弈的过程，但并不是所有的人都知道如何进行，所以，如果你想知道应该如何博弈，在本章中可以找到满意的答案。

1. 婚姻就是围城，并不是可以随便进出的
——囚徒困境

婚姻中最大的问题是什么？

一场火灾之后，两个嫌疑人 A 和 B 被捕，分别关在两个独立的不能互通信息的房间里。如果两人都认罪，则各被扣留 8 年；如果一人承认，另一人不承认，承认的放走，并且得到奖赏，不承认的被扣留 10 年，并且被罚款；如果两人都不承认，则因证据不足各被扣留 1 年。

我们看到，假定 A 选择承认的话，B 最好是选择承认，否则就要被严重处罚；假定 A 选择否认的话，B 最好还是选择承认，因为这样不仅可以被放走，而且还可以得到奖金。就是说，不管 A 是什么态度，B 的最佳选择都是承认。反过来，同样地，不管 B 什么态度，A 的最佳选择也是承认。结果，两个人都会选择承认。

这就是博弈论中有名的"囚徒困境"。很明显，在这里提到了一个一直以来都困扰着人类的问题：人到底是利己的，还是利他的？在这个囚徒困境中，两个嫌疑人都是为了自己的利益而出卖了对方，结果却都做出了最差的选择——既损人，又不利己。

在婚姻生活中也存在着各种各样的囚徒困境。婚姻中存在着共同利益与个人利益问题，所以也就不可避免地存在着囚徒困境的问题。

　　理论上，步入婚姻殿堂的两个人的"生命现在已经融为一体"，也就等于说，他们要把共同利益摆在首位，而把个人利益摆在其次。**但在现实生活中，各种失败婚姻以及背后的欺骗与背叛却会让每一个人对另一方能否遵守两人之间的契约没有把握。因为没有把握，怕自己在做利人之事时，对方却在做着损害自己的事情，出现了信任与背叛的选择。**作为一个理性的人，虽然两人都一致同意信任与合作是婚姻美满的基础，但是由于没有把握，所以就一方面信誓旦旦地说会为共同利益而付出，另一方面却偷偷地做出了首先照顾自己利益的选择。两个人都为了自己的利益，而忽视了对方的利益，最终会使合作破裂，代之以背叛，后果是没人会做对双方利益最大化的事情，最后两人得到的结果比预料的差，利己的行为也成了损人不利己。

　　一位男子在经历了与其女友数次分分合合的"战斗"后，终于大彻大悟：其实恋爱中的男女，就如同天平的两端，你放上去的感情砝码越沉，自己的一端注定就更低。话说开了，无非是又应了那句老话：爱我的人我不爱，我爱的人不爱我。即使是两情相悦，又哪能确信就一定能平衡天平的两端？

　　因此选择题就来了：你是要信任对方，而承担最终可能一无所有的风险，还是偷偷背叛配偶的信任，维护自我的利益，而牺牲掉完满婚姻的可能性？也许就如同那个悖论中的两个囚徒，这是几乎无法做出的选择。但作者还是给出了一个貌似光亮的出口，他在结尾处写道："如果我们相信他人，我们就把自己置于风险之下，这一点不假。但如果我们不信任他人，我们则把自己排除在生活中最好的事情发生的可能性之外了。"

　　婚姻关系中的忠诚问题也类似于走入了"囚徒困境"。如果双方都不变心，那么就是最好的结局，在天愿为比翼鸟，在地愿为连理枝；而如果都变了心，大不了离婚，你走你的阳关道，我过我的独木桥。最可怕的是一方变了心，另外找到了更好的情侣，而一方却还傻乎乎地忠贞不二。

　　按照"囚徒困境"的分析结论，恋人最得意的选择是另觅新欢，最天真的选择是天荒地老，最理性的选择是分道扬镳，最糟糕的选择是被另有新欢的对方无情抛弃。

　　婚姻关系中的双方很容易陷入"囚徒困境"。其中最关键的原因是利己与利他的选择。理性人都会做出利己的选择。但是一味地利己，往往付出最大的代价就是没有利己。而有时如果做出了利他的选择，结果往往会得到对方利他选择的回报，结果不仅利他还利己，使双方的共同利益都得到了满足，从而走出了"囚徒困境"。当然，这种双赢结果存在的前提是双方建立互信机制，而互信机制的建立则不是一件容易的事，想要做到互相信任，最有效也唯一可行的办法便是公开信息，完全将自己的信息向对方透明。而这又会涉及到我们之前所提到的信息披露原则问题。所以说，婚姻中无时不存在着"囚徒困境"，但是也同时存在着走出困境的各种方法，需要的只是双方的共同努力。

囚徒困境

　　囚徒困境是博弈论的非零和博弈中具代表性的例子，反映个人最佳选择并非团体最佳选择。囚徒困境的主旨为，囚徒们虽然彼此合作，坚不吐实，可为全体带来最佳利益（无罪开释），但在资讯不明的情况下，因为出卖同伙可为自己带来利益（缩短刑期），也因为同伙把自己招出来可为他带来利益，因此彼此出卖虽违反最佳共同利益，反而是自己最大利益所在。但实际上，执法机构不可能设立如此情境来诱使所有囚徒招供，因为囚徒们必须考虑刑期以外之因素（出卖同伙会受到报复等），而无法完全以执法者所设立之利益（刑期）作考量。

2. 婚姻是一种妥协的艺术
——斗鸡博弈

> 婚姻为什么也要"难得糊涂"？

王朔的著名小说《过把瘾就死》中讲述了一对又爱又恨的夫妻：方言与杜梅。两人从认识到结婚再到离婚，然后再复婚。自从二人确立关系之后就一直吵闹，女方甚至要自杀，几乎没有一天日子是顺心的。谁也不向谁妥协，结果导致离婚。虽然后来又复婚，但是正如由这部小说改编的电视剧的片尾曲《糊涂的爱》中唱的那样："这就是爱，说也说不清楚；这就是爱，糊里又糊涂；这就是爱，它忘记了人间的烦恼；这就是爱，能保持着糊涂的温度。"婚姻成了一种"难得糊涂"的妥协艺术。

婚姻到底是什么，从不同的学科角度分析有不同的答案，而从博弈论的角度来分析，婚姻可以说是一种"斗鸡博弈"。所谓"斗鸡博弈"是指两只斗鸡狭路相逢，即将展开一场厮杀。结果有 4 种可能：两只斗鸡对峙，谁也不让谁，结果只能是两者相斗，最终的结局便是两败俱伤，这其实是谁都不愿意的。另外两种可能是一退一进。但退者有损失、丢面子或消耗体力，谁退谁进呢？双方都不愿退，也知道对方不愿退。在这样的博弈中，要想取胜，就要在气势上压倒对方，至少要显示出破釜沉舟、背水一战的决心来，以迫使对方退却。但到最后的关键时刻，必有一方要退下来，除非真正抱定鱼死网破的决心。

两人反向过同一独木桥，一般来说，必有一人选择后退。在该种博弈中，非理性、非理智的形象塑造往往是一种可选择的策略运用。如那种看上去不把自己的生命当回事的人，或者看上去有点醉醺醺、傻乎乎的人，往往能逼退独木桥上的另一人。

其实婚姻也就是两只斗鸡在博弈，也可以说是两个反方向的人过同一座独木桥。当一对如胶似漆的恋人步入婚姻的殿堂之后，伴随着锅碗瓢盆交响曲，往日的激情和浪漫渐渐少了，两个人的缺点渐渐凸显出来，而两个人对同一件事情的观念也会不同，利益方面也难免会有冲突，这时争吵和冷战就会频频发生。

有人说，婚姻不是讲理的地方，因为没有一个绝对的准则可拿来评判谁对谁错；它需要的是在基本共识的前提下保持畅通的交流。夫妻间的冷战是一种致命的毒药，它不仅会危害双方的身心健康，还会影响到婚姻的寿命。**婚姻是一门妥协的艺术。当婚姻出现了裂痕时，无论是在心理上还是在肉体上，对于当事人都是一种煎熬。婚姻必然会涉及到双方利益的**问题。再加上婚姻中各种物质与精神资源的稀缺性，必然会出现争斗的现象，这时如果两个人都是强硬的斗鸡，谁也不让谁，最终的结果只能是两败俱伤。好一点的情况是，两个人冷战一段时间之后会和好，但也不能如初。坏一点的情况可能会导致离婚，总之是两败俱伤的。

而在婚姻关系中，想要保持持久的婚姻，稳定的婚姻，想使自己能够"少年夫妻老来伴"，那么就一定要学会妥协，不要成为斗鸡，而是学会妥协与退让。很多维持了多年的婚姻其实都是在妥协下存活的。

在一次老年人的聚会上，几对已进入金婚纪念的耄耋老人颇为引人注目。很多人请教他们相濡以沫几十年的"秘诀"，他们笑答："妥协。"细细聊起来，才发现他们之中有的一生倔强，有的脾气耿直，有的爱较死理，有的爱钻"牛角尖"，这样的夫妻一起居家过日子，肯定会有非常非常多的磕磕碰碰的事。但是，他们发现当出了问题的时候，只要有了一方的"妥协"，就往往相安无事，而几十年的漫长岁月就是在这种相互妥协中走过来的。生活中，人们对爱情和婚姻有各种各样的理解和认知，但是只有诗人余光中说的话才是真理："婚姻是一种妥协的艺术。"

妥协是爱情的"润滑剂"。很多大人物的婚姻也是一种妥协，而不是斗鸡博弈。美国第 16 届总统林肯长得奇丑无比，又"缺少用以制造女人幸福链条的那些小环节"。他的夫人出身名门，并且受过良好教育，属于当地社会名流。他们于 1842 年结婚，然而从结婚之日起，林肯夫人就没有一天停止过对林肯的无端指责。她甚至无聊地说林肯走路难看，没有风度，脚步呆直，手足太长，鼻子不直，两耳竖立，嘴像猩猩……她整天抱怨个不停，声音高亢，经常搅得四邻不安。但是林肯却总是宽大为怀，从不跟她争吵。有时候实在受不了了，他就溜之大吉，躲到无人知道的小旅店去过夜。

妥协有时还是爱情的"急救药"。英国首相丘吉尔是一位不拘小节的人，当年结婚时刚走出婚礼的教堂，他就把新婚的妻子晾在了一边。到外地度假时，他也常常忘记向妻子问候。在丘吉尔过完 60 岁生日之后，47 岁的夫人外出旅游时与一位漂亮风趣的青年艺术家邂逅相遇，柔情缠绵。夫人的外遇绯闻传到丘吉尔的耳中，他不是气恼，不是泄气，更没有采取一般人愚蠢冲动的做法，而是在妥协中理解和原谅了妻子，并以"多年来我深知自己在感情上对妻子负债"引以自责。他还向朋友说：妻子是他生活的支柱、终生的伴侣，没有她我可能不会有任何成就。而两人的婚姻也没有因此破裂，并且这一举动还为他赢得了很好的声誉。

在音乐界享有"词坛泰斗"美誉的乔羽老先生偕夫人佟琦做客北京电视台的《夫妻剧场》时，主持人问乔老与夫人"相濡以沫、白头偕老"的秘诀时，乔老笑着回答："一个字——忍！"夫人则马上抢答："我是四个字——一忍再忍！"两人说得诙谐幽默，寓意深刻。其实，夫妻之间的"忍"，就是互相妥协。

由此可见，无论是平民百姓，还是领袖人物、社会名流，他们都是运用妥协来维护自己的婚姻。妥协之中蕴含着理智、谅解和宽容，妥协之中深藏着对爱情的凝重和积淀，妥协也是维系婚姻美满的一种智慧和艺术。

斗鸡博弈强调的是，如何在博弈中采用妥协的方式取得利益。如果双方都换位思考，它们可以就补偿进行谈判，最后造成以补偿换退让的协议，问题就解决了。博弈中经常有妥协，双方能换位思考就可以较容易地达成协议。考虑自己得到多少补偿才愿意退，并用自己的想法来理解对方。只从自己的立场出发考虑问题，不愿退，又不想给对方一定的补偿，僵局就难以打破。婚姻也是一种斗鸡博弈，聪明的人会忍让，而那些失去了婚姻的多半是因为两个人争过

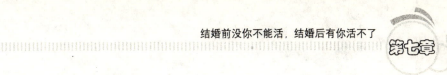

独木桥，结果最后的结局是双双失足落水。

斗鸡博弈

其实这是一种误译。Chicken 在美国口语中是"懦夫"之意，Chicken Game 本应译成懦夫博弈。具体是指两只公鸡狭路相逢，即将展开一场厮杀。结果有 4 种可能：两只公鸡对峙，谁也不让谁。或者两者相斗。这两种可能性的结局一样——两败俱伤，这是谁也不愿意的。另两种可能是一退一进。但退者有损失、丢面子或消耗体力，谁退谁进呢？双方都不愿退，也知道对方不愿退。在这样的博弈中，要想取胜，就要在气势上压倒对方，至少要显示出破釜沉舟、背水一战的决心来，以迫使对方退却。这种博弈不是你死，就是我活，想要保全自己，就是双方都退让。

3. 为什么帅哥配丑女，美女配野兽
——劣币驱逐良币

美女、帅哥更容易在情场中失败？

"优胜劣汰、弱肉强食、成王败寇"这些成语都揭示了一个被当

成是自然界以及人类社会定律的丛林法则。这一丛林法则一直被竞争中的优胜者奉为真理。实际上，丛林法则也是自然界不断进化、人类社会不断进步的法则之一。每一个优胜者都希望自己成为优胜者，都在为了成功而奋斗。可是有的时候，人们却发现，优不一定就能胜，甚至会遭到淘汰，有人会因为优秀而遭到淘汰。杨宇欣毕业于一所国内著名的外语大学，在获得了本科学位之后，又在英国拿到了硕士学位。回国后的她很快在一家跨国公司谋得了一份总经理助理的职位。几年下来，宇欣成为一个国际化的人才。

后来她想要找一份踏实安定的工作，然后结婚。她相信凭借着自己的实力，进一家本土大公司一点问题都没有。后来得到一个国企职位的大面试机会。面试那天，她自信满满，因为和她一起来面试的人都不及她优秀。然而，在接下来等待复试的几天里，宇欣始终没有等到公司的电话。一个星期过去了，电话还是没来。她主动打电话到那家公司，可是对方给她的回应是：他们已经招到了合适的人才！你太优秀了，我们不能要！

竞聘落选对于宇欣来说有点像晴天霹雳；她倒不是因为觉得缺少了一份薪水和一份工作，而是她觉得这是对她以往所有的成功及价值感的一种严重否定。宇欣有点懵，自己居然因为太优秀而被淘汰了！这到底是什么原因呢？

一般来讲，企业在招聘人才时，都有一个能力期待的范围，只有在这个范围内的人才才是他们真正想要的人选。达不到他们的期待，固然不行，但如果超过了他们的期待，企业也会无法适应，因而弃用这样的人才。对于那些"优秀"的人才，企业拒绝他们的原因主要有以下几点：

首先，害怕无法满足薪资要求。优秀的人才薪资要求当然也高，

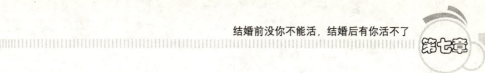

但是有些公司并不能满足，所以就不敢录用。其次，鸟笼关不住凤凰，庙小装不下大菩萨。优秀的人才有的公司不能物尽其用，也就不会接受。再次，无法管理。企业害怕用这类人才，因为是害怕无法对他们实施有效的领导。这类人才，领导都未必有他们的能力，容易因为自己的出色而骄傲自满，缺乏团队精神，这给领导的管理能力提出了巨大的挑战。最后，威胁到领导的职位。领导最怕的就是手下人比自己有才能，有一天篡了自己的位。

由此可见，越优秀的人有的时候却越会遭到淘汰。从经济学上来讲，这属于"劣币驱逐良币"的现象，也叫做和"格雷欣法则"。劣币驱逐良币原则说的是铸币流通时代，成色不良的铸币与成色优良的铸币在市场上一样流通，久而久之，良币就会逐渐退出流通，转为储藏，而市面上流通的都是成色不好的劣币——劣币渐渐会把良币赶出市场。

在婚姻中也会存在这种现象。人们常常会看到"帅哥配丑女，美女与野兽"就是这个道理。关于这个问题我们可以利用博弈论原理，从两方面来分析。一般来说，美女是男人们追逐的热点对象，假如最初有10个男人追，美女们总是在10个男人之间挑肥拣瘦，并从一些外在信息上对追求者做出判断和选择。随着追逐者的增多，男人们也对美女的道德人品产生了怀疑，好男人们逐渐失去信心，纷纷退出角逐。在众多男人的博弈中，"劣币驱逐良币"，有钱有权的花花公子成了最后的胜出者，女人的命运也就悲惨了。

在讲述美国科学家约翰·纳什的传记类电影《美丽心灵》中，因研究博弈论而获得诺贝尔经济学奖的约翰·纳什讲了一个女人因为太美丽而被淘汰的故事：

在一个大学毕业生的舞会上，由于女伴太少，4个男生便没有舞伴。但是幸运的是突然从外面进来了 5 个漂亮的女生。这 5 个女生都很漂亮，其中有一个更是比另外 4 个漂亮很多。通常来说，4 个男生都想邀请这个最漂亮的女生跳舞，她是最理想的舞伴。但是最终的结果却是，4 个男生都没有挑选她，而是选了另外 4 个女生。最漂亮的这个女生居然被他们淘汰了！

为什么会出现这种现象呢？博弈论是经济学的基础学科，所以人们在博弈时也便是"理性人"，理性人的最大特点就是使自己的利益最大化。4 个男生都是理性人，他们都知道最佳的舞伴是最漂亮的女生，他们很清楚这个女生也需要从他们 4 个中来选择一个舞伴，可是没有人敢肯定这个女生会选择谁。如果有人胆敢去邀请她跳舞，结果遭到拒绝，失去的不仅是面子问题，而且是舞伴。因为另外 4 个女生谁也不会愿意成为这个女生的替代品，谁都不会愿意接受一个遭到拒绝之后才被迫选择自己做舞伴的男生。因此，为安全起见，为了能够保证自己得到一个舞伴，那 4 个男生会不约而同地选择另外 4 个相对来说不漂亮的女生。这样，漂亮的女生就被淘汰了。

而婚姻也是如此，优秀的男女可能因为太优秀而使得别人不敢靠近，不敢去追求，结果却遭到了淘汰。但是优秀的男女也需要爱情，也需要婚姻，所以他们就只好在那些不优秀的人中进行选择了，只好"良币配劣币"了，因此也就会出现"帅哥配丑女，美女配野兽"这种看似不正常、但是又合乎情理的事情了。当然，一个优秀的人如果不想得到这种结果，可以首先释放自己的信号，放出自己中意于谁的信号。但是事实上，越是优秀的人越容易自恃优秀而不屑于降尊纡贵，不会选择"掉份"的主动行为。而最后也只好被淘汰，只好退而求丑女与野兽了。

▶ 劣币驱逐良币

　　当金银市场比价与法定比价发生偏差时，法定价值过低的金属铸币就会退出流通，而法定价值过高的货币则会充斥市场。如金银货币的法定比价为1：15，而市场金银商品比价为1：16，这时把金币熔化成金块按市价换成白银，把白银铸成银币再按法定比价换回金币，如此循环一周就可获得1份白银的收益，不断循环反复的结果是金币不断地退出流通，而银币则充斥市场，反之亦同。因此尽管法律上规定两种铸币可按法定比价流通，但实际上只有一种铸币在市场上流通，金贱则金充斥市场，银贱则银充斥市场。简单地说就是，好的淘汰了坏的，优胜者反而失败了的一种出乎意料，但是又在情理之中的博弈现象。

4. 床头吵架床尾和是为哪般
——重复博弈

> 夫妻为啥就没有隔夜的仇？

　　红遍好莱坞50余年的美国影星克林特·伊斯特伍德在1994年自导自演了一部影片《廊桥遗梦》。这部电影讲述了一个美国《国家地理》杂志的摄影记者罗伯特·金在一次去爱荷华州麦迪逊郡拍那里的一座桥——廊桥——时，遇到了独自在家的家庭妇女弗朗西斯卡，两人在 4 天之内迅速坠入爱河。本来打算私奔而去，但是最后弗朗西斯卡却因为婚姻与家庭的原因没有跟他走，只把这段感情一直深埋于心中，直到她死后子女才得知。如果她坦白了，会不会得到丈夫和儿女的理解与原谅呢？

人们常说感情是不理性的，尤其是爱情，会让人们的智商下降很多。可是为什么在 4 天内坠入爱河的弗朗西斯卡却没有跟罗伯特·金私奔而去呢？除了受道德观念的影响，她还受到了哪些影响呢？也许从博弈论的角度来分析，更容易让人理解事情的本质。

美国密西根大学的罗伯特·爱克斯罗德组织过一场计算机竞赛的试验。竞赛的思路非常简单：任何想参加这个计算机竞赛的人都扮演"囚徒困境"案例中一个囚犯的角色，他们开始玩"囚徒困境"的游戏，每个人都要在合作与背叛之间做出选择。但是他们不只玩一遍这个游戏，而是一遍一遍地玩上 200 次，这就是所谓的"重复的囚徒困境"。

最简单的囚徒困境模型是一次性博弈，在一次博弈的条件下，人们会做出对自己最有利的选择，所以两个囚徒都选择了出卖对方来救自己，结果却双双失败。而重复博弈则是进行多次的囚徒困境选择。

试验的结果使罗伯特·爱克斯罗德大为吃惊，因为竞赛的冠军获得者所采取的策略一点都不高深，而是非常简单：一报还一报。也就是我们常说的"以其人之道，还治其人之身"。所谓"一报还一报"的策略，就是胡萝卜加大棒的原则。它坚持永远不首先背叛对方，因此是十分"善意的"。它会在下一轮中对对手的前一次合作给予回报（哪怕以前这个对手曾经背叛过他），从这个意义上来说它是"宽容的"。但它会采取背叛的行动来惩罚对手前一次的背叛，从这

个意义上来说它又是"强硬的"。正所谓"人不犯我，我不犯人；人若犯我，我必犯人"。而且，它的策略极为简单，对手一望便知其用意何在，从这个意义来说它又是"简单明了的"。

后来，爱克斯罗德邀请了更多的人参加竞赛，结果试验来试验去，每次都是一报还一报者夺魁。从这里可以得出一个结论：在重复博弈中，人们不会像一次性博弈那样主动背叛对方，为了自己的利益而不顾对方的死活。因为他的背叛不会受到对方的惩罚，也不会因保护对方而得到好处。所以，在一次性囚徒困境中，他们选择了背叛。这正像不相识的一对男女，偶尔在旅游中相遇，接着在宾馆里春梦一场，第二天就各自扬长而去，谁也不会忠于谁的，彼此也不会为对方今后的不忠实而有任何不快，原因就在于这是一次性的博弈（一次性的"博弈"和一次"性"的博弈）。

在肯尼亚有一种猴子，受到威胁时就会嚎叫，它的朋友也会跟着嚎叫助威。而助威的猴子大都是上次互相抓痒的猴子，不互相抓痒的猴子很少相互助阵。在大海的珊瑚礁中，有一种小鱼可以为大鱼清除牙齿中的寄生虫，当然小鱼清除寄生虫时也获得了食物。但是，大鱼在小鱼为它清完牙齿后，完全可以一口把小鱼吃掉。如果它们见面机会少，那么吃掉小鱼是大鱼的最佳策略，但是珊瑚礁地域小，双方必定相互认识。茫茫大海，萍水相逢，一生若只见一回，那么就会很难会有合作的可能。来自生物界的这两个例子，深刻地说明了合作产生的根源——存在合作利益、保持长期关系并且能够识别和惩罚欺骗者。

当男女确定了恋情，或者处于婚姻关系之中，就属于这种合作的重复博弈关系。因为夫妻双方有无数次的机会做到"以其人之道，还治其人之身"。那么，在博弈过程中，双方都不敢轻易背叛对方。

约会要去　必胜客

男女双方因为一点儿小事吵架是很正常的。双方在吵架时，可能会因为一时情绪的激动而说出一些过激的话来，会伤害到彼此的感情，但是双方却不会因此而断绝关系，因为男女之间处于这种关系下，是一种重复的囚徒困境。虽然一方可能会想要背叛，但是他必然要考虑到背叛之后的后果。

作为一个理性的人，自然会权衡出利弊来，会得出背叛的代价远远大于合作的收益，所以他会选择"床头吵架床尾和"，因为以后的日子还很长，自己的利益还需要仰仗对方来实现呢！

在电影《廊桥遗梦》中，婚姻正处在瓶颈期的儿子和女儿在母亲死后看到她留下的信，开始的时候儿子非常愤怒，大骂母亲背叛了父亲，甚至想一把火把信烧掉。但是当他看完之后却原谅了母亲，并且从母亲信得到启发，感悟到为了维持婚姻而放弃背叛的可贵。女儿虽然没有对母亲的行为生气，但是却也因此而改变了自己对丈夫的态度，重新考虑自己的婚姻。我们可以预料到，即使父亲在生前便知道母亲有过外遇，但是也会原谅她的，因为她并没有因为自己的爱情而放弃家庭，并且一直为家庭任劳任怨地付出。况且，如果他选择与妻子离婚会不利于自己，因为一旦离婚，则家庭、子女、农场都需要自己来照料。所以说，虽然有外遇是对家庭的不忠诚，但是如果出现了外遇就选择离婚，也是不划算，至少对自己的利益也是一种损害，因为终止重复博弈下取得的成就是要付出极大代价的！

▶ 重复博弈

在博弈中，相同结构的博弈重复多次，甚至无限次。其中，每次博弈称为"阶段博弈"。在每个阶段博弈中，参与人可能同时行动，也可能不同时行动。因为其他参与人过去的行动的历史是可以观测的，因此在重复博弈中，每个参与人可以使自己在每个阶段选择的策略依赖于其他参与人过去的行为。

重复博弈中，参与人存在着短期利益和长远利益的均衡，有可能为了长远利益牺牲短期利益而选择不同的均衡策略。重复博弈是因为如果每一个参与人的特征不为其他参与人所知时，该参与人就很有可能积极建立一个好声誉，以换取长远利益。

5. 成功人士的妻子为什么都相貌平凡
——博弈均衡

为什么有的女人相貌平平却能嫁得很好？

比尔·盖茨的妻子梅琳达·盖茨是一个相貌平平、身材也一般的女子，马云的妻子张瑛也是一个相貌平平的女子，王石的妻子王江穗也是一个相貌平平的女子。还有很多很多成功人士的妻子都是相貌平平的人。很多漂亮的女子对此非常不解：为什么成功人士的妻子都长着一张大众脸呢？难道成功人士不喜欢漂亮女人吗？

成功人士的妻子大都相貌平平，但是同时他们的妻子也都有一个共同的特点，那就是大都聪明绝顶，才学过人。有一个靠自己的能力成为钻石王老五的人给出了自己的择偶标准：

一　一个女人最重要的品质应该是善良，而且百善孝为先。天下不知道有多少苦命的男人在受着自己的媳妇和自己亲妈之间的夹板气？如果我是一个男人，要是将要成为我媳妇的女孩敢问我"我和你妈掉河里，你先救谁？"我一准把她甩掉，这根本就不是人话！

二　必须要贤惠，这是亘古不变的女性美德。

三　知书达礼，这是时代对女性与时俱进的要求。一个女人的气质和教养是丰富内心的流露，也是与别人真正拉开距离的所在。

四　有思想、有品位。有思想使得她不屑于插足别人之间的闲话，她从来都是个"绝缘体"。有品位使得她能匠心独运地表达自己的风格。

五　会给自己留面子。对于男人最重要的是尊严，她可以在家里抨击我，但不能在公众场合讽刺、嘲笑我。

六　充分信任，相对自由。喜新厌旧其实是人的本能，谁也不能保证一辈子只对一个人有好感。奉劝天下所有将要结婚的女人用心学习《医学心理学》，充分理解自己的丈夫喜欢在画报、网页上凝眸美女的嗜好，不要因为这些下意识的行为而吹毛求疵。否则就是将婚姻推向死亡。

七　有一份稳定的收入。不依附于男人生存的女人才能做到独立、自尊。

八　没有过多的物质欲望。这一点非常重要！自古成由俭、败由奢。何况安于现状和乐观的天性使她能够将青春延续。过分的虚荣往往使非"财大气粗"的男人产生精神紧张，甚至为此不堪重负。我的媳妇应该宝马汽车坐得，自行车也能骑得；五星级酒店住得，野营的帐篷也不嫌弃。吃得苦中苦，方为人上人。

　　九　不对异性过分热情。有着良好的生活习惯，抽烟、饮酒、通宵达旦的宴饮狂欢都不会发生，不会到酒吧、夜总会这样的地方消磨时间。她知道自己的价值不是取悦异性，不会主动与不相关的异性搭讪，曲高和寡的才是阳春白雪。

　　十　喜欢读书和音乐。喜欢读书不是看什么花花绿绿的时尚杂志，喜欢音乐也不是什么听过就忘的流行小曲。经典的书籍和音乐能让岁月与生活的琐碎无法在她的心灵上烙下痕迹。

　　十一　工作能力强，有一技之长。工作中的女人显然没有太多时间疑神疑鬼。有一技之长会使她自得其乐，很好地控制情绪。

　　十二　当然，长得绝对不能丑，也别太靓，应该是那种越看越顺眼，但绝对不能是那种妖艳的女性。

　　从以上这些条目中也可以看出，漂亮的女性好像还不如相貌平平的女性受欢迎，因为这些条件在相貌平平的女子身上很容易找到，而在骄傲的公主身上则是极为罕见的。

　　为什么会出现这种情况呢？其实这是一种博弈论的选择。我们都知道资源是有限的，经济学的本质就是如何在资源不完全的情况下对其进行分配，尽量使其能够得到合理的分配与运用。对于个人来说也是如此，人的相貌是天生的，能力是先天与后天共同创造的。通常情况下，有相貌的人往往在智商上比较低下，所以很多人只是花瓶。而有的人虽然得天独厚，无论在相貌上还是智商上都高人一等，但是因为相貌是显而易见的，最容易吸引异性的当然是相貌。相貌过人的女子往往恃貌自傲，所以就会花费更多的时间来打扮自己，使自己看起来更加漂亮一些，而不大注意个人能力的培养。至少以学历而论，学历与相貌是成反比的。那些相貌平平的女子则更注重个人能力的培养，更会去学习更多的知识，来武装自己的头脑，来为自己的竞争力加分，因为机会成本的原因，花费在个人能力培养上的时间越多，用来打扮自己的时间就会越少。这两种不同的人对自身竞争力的不同塑造，也是一种竞争力的博弈均衡，同时也注定了自己的婚姻之不同。

无论是比尔·盖茨，马云，还是王石，他们在现在看来是成功者，但是当初并不是成功者，至少后两者在结婚时并不是成功人士。而这些准成功人士知道一个道理：婚姻对自己的事业成功有着极其重要的影响，一个支持自己的妻子，一个能够在自己的事业上有帮助的妻子才是自己最优秀的伴侣。而一个空有相貌却无水平，甚至只知道吃喝玩乐的妻子，不仅不能帮助自己，还会扯自己的后腿。相貌虽然在一段时间内赏心悦目，但是久之也会产生边际效用递减，也会像冯小刚电影《一声叹息》中所说的那样："握着你的手，就像左手握右手一样，"完全没有了感觉。并且时光容易催人老，美貌如赫本在年老时也失去了当年的风采。但是个人能力则不同，一个人的能力会随着时间的推移而不断提高，这种魅力也会越来越吸引人。所以说，准成功人士虽然既想得到美貌的女子，也想得到有才能的女子，但是在两者不可兼得的情况下，权衡利弊，做出一种均衡的博弈选择——选择对自己的事业有帮助的、能够支持自己的有才能的女子为妻。

由此我们才明白，成功人士之所以娶一个相貌平平的妻子，并不是因为她的相貌平平，而是因为她在另一方面有其他人所不能取代的优势，那就是个人能力。**成功人士所做的这种选择是在博弈均衡的选择下做出的正确选择**。所以说，一个女子想要嫁给成功人士，真正需要的不是天仙般的美貌，而是超强的个人能力。而其实如果一个女子能够有以上 12 个优点，那么她不嫁给一个成功人士，也一定会过得很幸福，因为她有相当的个人能力，这其实才是在当今社会上与他人进行博弈的最重要的能力。

博弈均衡

　　是指使博弈各方实现各自认为的最大效用，即实现各方对博弈结果的满意，使各方实际得到的效用和满意程度是不同的。在博弈均衡中，所有参与者都不想改变自己的策略的这样一种相对静止的状态。

　　博弈各方的关系不仅体现为一种利益上的竞争，更要体现出各方的合作关系，实质上是由动态的竞争到相对静态的合作"博弈均衡"的一个变动过程。

6. 我没有养你的义务
——智猪博弈

> 二人世界中谁会更容易吃亏？

人们在骂他人笨时通常会说诸如"你真笨，跟头猪一样"、"你真是头猪，笨得要死"。猪在人们的印象中等同于笨。猪作为一种动物跟人相比也许是很笨，但是猪跟猪相比，也有笨的高下之分的。

在博弈论中有这样一个故事：圈里有一只大猪和一只小猪，猪槽里的食物由一个距离槽子很远的开关控制。如果大猪去按开关，回来只能吃到小猪吃剩的半槽子食物；如果小猪去按开关，等小猪回来后，槽子里的食物会全被大猪吃完。假设这两只猪具有做出符合自身利益行为的理性，那么最初的博弈结果是两只猪都不去按开关。原因是：大猪按了开关只能吃到一半的食物，所以它就不愿意去按；小猪按了开关连一半也吃不到，那就更不愿意去按了。但是再想一想结果就会不同了。小猪还是不会去按，因为大猪一定会把所有的食物都吃掉。但是大猪这次会去按，因为它不按的话，便一点也吃不到，而按了虽然会被小猪吃掉一半，但是还能剩下一半，权衡利弊，去按开关，吃一半的食物要比饿着好。

由此可见，小猪要比大猪聪明，大猪无可奈何地"为"小猪服务，这种博弈被称为"智猪博弈"，而小猪则被称为搭便车者。所谓搭便车者，经济学的解释是：得到一种物品的利益但避开为此付费的人。这种现象中一个最典型的例子就是灯塔的故事。海岸边的灯塔用来标出特殊的地方，以便过往船只可以避开有暗礁的水域。每个船长都有搭便车的激励，即利用灯塔航行而又不为这种服务付费。由于这个搭便车者问题，私人市场通常不能提供船长所需要的灯塔。结果导致大多数灯塔由政府经营。船长的这种行为也是搭便车的行为，因为没有人阻止他利用灯塔，但是也没有人能强制他为此付费。

其实在婚姻中也存在这种搭便车的现象。以做家务为例，通常情况下，在家庭关系中，做家务的大多是女性。而女方对于男方一直不做家务的行为肯定有诸多不满，但是男方却一直不做，而女方

对此没有办法，只好继续做，而男方则一直享受女方做家务带来的利益。

如果两个人的关系正常，或者都不想中断关系，那么总有一方显得是比较主动，他（她）总是会事先为两个人做好一切，而另一方坐享其成。主动的一方总是会想，我会好好爱他（她）的，我要尽可能地为他（她）多做一些事，以表达我的爱。被动的一方则可能会想，她（他）是很爱我的，即使我不做，她（他）也会做好一切的。再如一方非常喜欢整洁，而另一方却很邋遢，整洁的一方忍受不了脏乱差，而邋遢的又不可能去收拾，即使收拾也只是走过场，于是整洁的一方就干脆一个人将卫生包揽了。而邋遢的一方则想，反正对方有洁癖，他（她）总会收拾的，即使他（她）不收拾，对我也没有影响。

在热恋状态或婚姻状态的初期，"智猪博弈"一般不会使两个人发生矛盾，两个人反倒会和睦相处，尽情地享受爱的甜蜜。干活的一方为自己将一个不修边幅的邋遢鬼变得整洁潇洒而兴奋，享受的一方也为有这样一位关心自己的爱人而陶醉。但是久而久之，干活的一方就受不了啦，我凭什么伺候你，我又没有养你的义务？而享受的一方却觉得这些本来就应该是你干啊，于是双方就为你多我少而发生争执，进而升级，矛盾出现，婚姻就会出现问题。这就是婚姻中的智猪博弈。

婚姻中必然有搭便车者，也必然会有因此而导致夫妻不睦或者婚姻破裂的，但这并不是说在智猪博弈现象出现时，就没有解救的方法，其实这种现象是完全可以避免或者弥补的。

补救方法之一　小猪的其他补偿

每次大猪按了开关后，食物都会被小猪先吃到。天长日久，大猪的心理就有些不平衡了，开始利用身体的优势欺负小猪。这时小猪有 3 种选择和下场：一是"义不食周粟"、"不食嗟来之食"，最后饿死；一是奋起反抗，最后被大猪欺凌而死；一是从另外一些方面是补偿大猪，比如给大猪打洗脚水，帮大猪做捶背等等。在这种补偿之下，两头猪也能相处得很和谐。

补救方法之二　大猪的人道

大猪有人道主义思想，觉得小猪太小了，小得可怜，放些食物给它吃也无所谓，并经常对小猪的生活起居给予人文关怀。渐渐地那关怀却变成了怜悯和优越感的混合物。小猪对大猪的关怀自然更是感激涕零，常常对游客讲述大猪对自己无微不至的照顾，也就会反思自己，会主动去承担自己的责任，为获得食物而进行劳动。

补救方法之三　圆满的结局

假如大猪通晓市场经济规律和现代管理精髓，那么在第二轮博弈结束之后，大猪就会开始和蔼地对小猪说："小猪弟弟呀，为了吃到食物我们应该团结起来，大家轮流去按开关。你看这样好不？你每按 3 次开关，我按 1 次，这样轮流下去好不好？"小猪说："猪大哥呀，为什么我按 3 次，你才按 1 次？"大猪说："因为我比你强大呀，你不和我合作就吃不到食物，你不具有谈判优势，只能服从我的条件，这就是市场经济规律。"在多次谈判后，大猪和小猪达成了一致，并签下协议：小猪每按 2 次开关，大猪去按 1 次。这种合作的办法是团队精神。

总之，虽然婚姻中感情占很重要的部分，但是利益也十分重要，一方无条件地付出，另一方心安理得地接受，必然会导致付出方的心理不平衡，久之小则积怨，大则背叛。所以，搭便车虽然有百利而无一害，但是久搭则会导致关系破裂，于人于己，尤其是于长期利益极为不利。因此，"智猪"如果真的智慧过人，就应该在其他方面找补，或者平担家庭责任。

智猪博弈

"智猪博弈"是纳什均衡的一种。假设猪圈里有一头大猪、一头小猪。猪圈的一头有猪食槽，另一头安装着控制猪食供应的按钮，按一下按钮会有 10 个单位的猪食进槽，但是谁按按钮就会首先付出 2 个单位的成本。若大猪先到槽边，大小猪吃到食物的收益比是 9∶1；同时到槽边，收益比是 7∶3；小猪先到槽边，收益比是 6∶4。那么，在两头猪都有智慧的前提下，最终结果是小猪选择等待。

7. 到底是看足球呢，还是看韩剧
——零和博弈

> 是足球毁了婚姻，还是韩剧伤害了感情？

男人看电视只看体育节目，女人看电视只看韩剧，这似乎是电视机的两个最大的用途。

如果两个人没有结婚，各看各的，互不影响，又或者买两台电视，各看各的，也互不影响，可是几乎没有夫妻俩会忍受这种情况，除非是分居的夫妻。夫妻两人一起看电视，一个喜欢看足球，一个喜欢看演出，结果会出现怎样的情况呢？

大致有3种情况：一是两人争执不下，你想看足球，我偏不让你看，我想看韩剧，你偏不同意，最后干脆关掉电视，谁都别看；一是你看足球，我再买个电视看韩剧，或你看韩剧，我到其他地方看足球；一是其中一方说服对方，两人同看足球或同看韩剧。结果就会有3种情况，也就是博弈的3种类型：负和博弈、零和博弈和正和博弈。

第一种情况是一种两败俱伤的博弈，即"负和博弈"。生活中经常会出现这样的情况，在交往时，由于相互的冲突和矛盾，不能达到统一，交际双方都不让步，最后使交际活动不能展开，结果是交际的双方都从中受损，两败俱伤，"博弈论"把这种情况叫"负和博弈"。夫妻俩如果互不让步，干脆关了电视，这样造成的后果是，一方的心理不能得到满足，另一方的感情也受到伤害，对双方来说都受到损失；双方的愿望都没有实现，剩下的只能是夫妻两个生气冷战，从而对夫妻感情造成不良影响。夫妻双方如果经常性地出现"负和博弈"现象，感情自然会因之受到严重影响，甚至可能会导致最严重的情况——离婚。

第二种情况是吃掉一方的"零和博弈"。夫妻双方中的一方花言巧语，骗取对方同意与自己一同看足球或者看韩剧。这对一方来说，是一时得利，但一方这样的作为，从更深一层意义上看，所得也不一定比所失小。因为对方不可能无休止地陪自己看对方并不愿意看的节目，最终必然会导致双方关系出现矛盾。即便有一方愿意牺牲自己来满足对方的愿意，但也绝对不会无休止地满足下去，毕竟人

都需要自己的利益能够得到满足。而同时人们选择婚姻的目的都是为了使自己的利益更大化。如果不能达到这种目的，那么婚姻就没有存在的必要了。

第三种情况是互利互惠的"正和博弈"。有一对夫妻，妻子半身瘫痪，勉强可以拄着拐走路，丈夫是个聋哑人，但他们生活得很幸福。譬如他们要去城里，丈夫由于不会说话，当然不好交际，所以，他们要到城里买东西，这个聋哑丈夫一定会骑着三轮车，让妻子坐上，到了要买东西的地方，妻子坐在三轮车上谈价钱购货物。他们从来没有发生过争吵，为什么呢？就是因为他们虽然都有残疾，但却能默契配合，所以他们生活得倒也十分快乐。这倒不是因为他们有多大本领，而是因为他们能互相补充缺陷：妻子走路不方便，丈夫却有强健的身体；丈夫不会说话，妻子却有很好的口才。由于他们能取长补短，所以他们在一起仍生活得十分幸福。这种在交际中能互利互惠的情况，便是"正和博弈"。

可见，所谓"正和博弈"，就是指博弈双方的利益都有所增加，或者至少是一方的利益增加，而另一方的利益不受损害，因而整体的利益有所增加。由上可以看出，"负和博弈"和"零和博弈"是一种对抗性博弈，或者称之为不合作博弈；而"正和博弈"是一种非对抗性博弈，或者称为合作性博弈。不难看出，**夫妻关系中要取得良好的效果，一般不应该采取对抗性的博弈，而应该制造非对抗性博弈。**要运用"博弈论"创造交际新局面，应注意以下几个方面的问题：

一　要胸怀开阔，不要随便耍脾气。夫妻关系中之所以经常会出现"负和博弈"的现象，大多是因为心胸狭窄，遇事爱使性负气。两人往往由于意见不统一，个人爱好不同，不容对方的爱好和自己的爱好冲突，无疑只能造成夫妻关系不和，最后弄得两败俱伤。如果当时双方有一个做一些让步或牺牲，最起码可以满足一个人的意愿，如果另一方也能胸怀开阔一些，容纳对方的爱好，就能使夫妻感情更和谐，生活更美好。

二 不要只想到自己的利益。夫妻关系中"零和博弈"现象的发生，大多是因为一方因为想满足自己的利益而想要吞并对方的利益，这样必然会导致另一方的反对。结果就会造成一方的利益严重受损，最终也会不利于自己的利益，因为对方长期不能得到自己利益的满足，必然会引起相当的不满，最后必然会使婚姻破裂。

三 一定不要自以为是，要互谅互让。夫妻之间要达到效益最大化，就不能以自己的意志作为和别人交往的准则，而应该在取长补短、相互谅解中达成统一，达到双赢的效果。最好能够一方让步一些，达成一致，都看足球或韩剧。如果能心平气和，双方会共同享受足球的感官刺激或韩剧的细腻情感，在观看足球或韩剧时使双方同时得到快乐。如果能达到这一点，才会使婚姻呈现"正和博弈"状态，才是结婚的最好目的，才是婚姻的最佳维持状态，才能使婚姻达到双赢的状态，并且能够长久地维持下去。

◢ **零和博弈**

零和博弈又称"零和游戏"，是博弈论的一个概念，属非合作博弈，指参与博弈的各方，在严格竞争下，一方的收益必然意味着另一方的损失，博弈各方的收益和损失相加总和永远为"零"。双方不存在合作的可能。零和博弈的结果是一方吃掉另一方，一方的所得正是另一方的所失，总共利益并不会因此而增加。

第八章
最理想的老公是"奥特曼在银行下象棋"

　　婚姻不是面包，但需要面包，还需要牛奶、汽车和洋房，而天上从来不会掉馅饼。那么，如果想要获得面包、牛奶、汽车与洋房的话，就不仅要工作，还要理财。理财是在 21 纪生活的人必须要学会的一样生存技能。很多人也许认为自己会理财，不就是管钱吗？谁还不会，存在银行里就好了。事实并非如此，钱存在银行里不一定保险，有可能缩水，而拿去投资又不知道如何投是好，而且两个人理财能力不同，也需要共同指定一个人来理财，而理财的人需要承担责任等等一系列问题在等着两个人。本章就是从投资、消费等等方面来告诉读者应该如何处理家庭财务问题的，所以如果你想更有条理地处理家庭财务问题，就请往下看吧！

1. 幸福是什么
——效用与欲望

知足到底是无奈，还是真能常乐？

　　幸福到底如何定义，真不好说。对每个人来说，幸福都有其不同于他人的特定阐释。但是不论两个人对幸福的定义相差多远，至少幸福的基础是共同的。幸福其实都是建立在一定的经济基础之上的。

　　每个人无论高低贵贱、贫穷富有，都希望自己的一生能够活在幸福之中。但是很多人并不懂得幸福的含义，所以便认为"幸福只是一种传说"，自己"永远也找不到"。"幸福"是一个古老的话题，从 2000 多年前的亚里士多德到现在的大多数人都认为"幸福是每个人都想得到的东西"。但是到底幸福是一个什么概念，却从来没有一个统一的标准。

　　2002 年的诺贝尔经济学奖获得者之一卡尼曼教授认为，人们最终追求的是生活的幸福，而不是有更多的金钱；不是最大化的财富，是最大化的幸福。财富仅仅是能够带来幸福的因素之一，事实上幸福是由许多其他因素决定的。心理学家认为，幸福是一种心理满足感。简单地说，如果一个人觉得自己的心理得到了满足，那就是得到了幸福。虽然卡尼曼教授说，财富只是能够带来幸福的因素之一，但无疑它是其中十分重要的因素之一，因为人们的满足感至少有一半取决于物品（如购买一件自己喜欢的奢侈品）或劳务（如听一场自己喜欢的音乐会）的获取。而获得这种满足感显然需要付出一定的费用，这就需要拥有一定的财富可供支配。所以说，在人们追求幸福的过程中，财富是其中非常重要的一种因素。

经济学，从微观意义上讲，也可以说是研究人们如何达到幸福的一门学科。18**世纪的英国经济学家、哲学家边沁十分信奉一句名言："最好的行为就是给最大多数的人带来最大的幸福"**。边沁对经济学的最大贡献之一是提出了"效用"的概念。边沁把效用定义为人们在消费某种产品时从中所取得的满足程度。用他的话来说，效用是指人们对于快乐和痛苦的体验，它是至高无上的君主，指出我们应当做什么，以及决定我们将会做什么。从这种意义上来说，一个人要做什么事情，最重要的标准就是看这件事能不能让他从中得到最大的效用。所谓最大效用，实际上就是人们从做这件事情中得到的最大的满足感。满足感最大化也就是最为幸福的时刻。

根据边沁的效用理论，幸福似乎可以等同于效用。但事实并非如此，因为人们的欲望还会对人们的幸福起着极大的影响。人们得到满足感也可以说是欲望得到满足。所以，著名经济学家萨缪尔森却提出了一个幸福方程式：幸福＝效用/欲望。这个公式的意思是说，人的幸福感取决于现实的生活状态与心理期望状态之间的比较。也就是说，当效用一定时，欲望越大，人的幸福感就会越差。但是通常来说，人的欲望是无穷的。正如明代王室诗人朱载堉的《山坡羊·十不足》所写的那样：逐日奔忙只为饥，才得饱食又思衣；置下绫罗身上穿，抬头又嫌房屋低。盖下高楼并大厦，床前缺少美貌妻；娇妻美妾都娶下，又虑出门没马骑。将钱买下高头马，马前马后少跟随；家人招下十数个，有钱没势被人欺。一铨铨到知县位，又说官小势位卑；一攀攀到阁老位，每日思想要登基。一日南面坐天下，又想神仙下象棋；洞宾与他把棋下，又问哪是上天梯。上天梯子未做下，阎王发牌鬼来催；若非此人大限到，上到天上还嫌低。

从萨缪尔森的公式来看，人的欲望越大，幸福感就越差。所以，从短期来看，幸福到底多少钱一斤往往并不是取决于自己所拥有的财富多少，而是取决于自己欲望的大小。经济学家的研究发现，当人们的收入水平较低时，随着收入增加，人们的幸福程度增加；但是当收入达到一定程度，如每月 4000－5000 元人民币时，人们的幸福感便很难随着收入的进一步增加而增加，而是呈递减形式。尽管经济改善和物质水平提高令人快乐了一阵，但不久这种快乐的感觉就烟消云散了，原来的奢侈享受都变成生活必须的一部分了，如电话、电视、手机和汽车的拥有，也就习以为常了。并且因为收入的增加，人们的欲望也随之增加。一项最新统计显示，在 1960－2000 年期间，按不变价格，美国人均收入翻了三番，但是认为自己"非常幸福"的人却从 40％下降到了 30％左右。在法国、英国和美国等经济发展较快的欧美发达国家，最近的十几年间，精神抑郁的人数却在与年俱增，差不多占了总人口的 11％左右；而在经济发展相对迟缓的非洲国家，此比例仅为 7％上下。这也证明，在收入水平达到一定高度前，收入的提高会增加幸福；但当收入水平超过一定高度时，它的进一步提高未必会明显增加幸福感，只因为人的欲望也随之增加了。

幸福到底价值几何就像幸福的定义到底是什么一样，对于每个人来说都是不同的，因为每个人的欲望都不同，有人注重物质上的满足，有人注重精神上的满足。不同的心理满足追求所需要的效用最大化不同，所以也就给幸福规定了不同的"价格"。但是有一点是

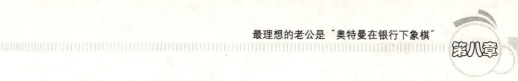

可以肯定的，当人们的效用一定时，欲望对幸福的价格起决定作用，它决定了幸福价值到底几何。

功利主义

功利主义认为人应该做出能"达到最大善"的行为。功利主义不考虑一个人行为的动机与手段，仅考虑一个行为的结果对最大快乐值的影响。能增加最大快乐值的即是善；反之即为恶。功利主义的代表人物边沁认为：人类的行为完全以快乐和痛苦为动机。人类行为的唯一目的是求得幸福，所以对幸福的促进就成为判断人的一切行为的标准。

2. 买股票、买基金，还是存银行吃利息
——理财观念

> 你不理财，财不理你，理财应该有什么观念？

美国石油大亨约翰·戴·洛克菲勒曾给年轻人以下忠告："储蓄是非常重要的，如果没有一定的储蓄，我们的很多计划都将毫无意义。"相关的数据显示，我国储蓄率在全世界排名第一。对于许多收入没有保障的人来说，存款更是极为重要的。但是从 2007 年下半年开始，人们却发现自己的钱存在银行里却越来越少了，而不是多了，

因为通货膨胀了。"粮价涨了，油价涨了，猪肉价涨了，房价更是在涨……"可以说是涨声一片。办公室、菜市场、洗手间、公交车、网络论坛……关于涨价的讨论随处可闻。

假如通货膨胀率为8％，存款利率为3.5％，那么存入银行的钱会在次年缩水4.5％。也就是说，社会经济进入了负利率时代，存在银行的钱所得的利息赶不上钱贬值的速度，这种情况下，我们说"存在银行里的钱缩水了"。尽管现在人们赚得越来越多，但是财富增长率往往是不可能在短期内超过通货膨胀涨幅的，也就是说，CPI指数（物价增长指数，英文缩写为CPI，是反映与居民生活有关的产品及劳务价格统计出来的物价变动指标，通常作为观察通货膨胀水平的重要指标）超过了人们的财富增长率。

当你把钱定期存在银行里的时候，虽然严格来说，定存的特性最能符合"保本"、"获利"的双重要求，但是定期存款在通货膨胀的情况下却出现了风险，成了一种错误的理财方式。理财专家告诫我们，定期存款不仅会因为通货膨胀而出现风险，还会存在其他方面的风险。一般来说，定期存款主要有以下几个方面的风险：

（1）通货膨胀。全球自2001年吹起降息风潮开始，银行定期存款利率从往日的十几个百分点降至一两个百分点，虽然到2006年有开始回转的迹象，但是涨幅远远比不上消费者物价指数的年增率。一旦代表通货膨胀的消费者物价指数高于定存后，通货膨胀便会侵蚀定存获利，使得金钱价值不断缩水。因此在物价节节升高、利率却涨幅不大的时候，最好趁早把资金转往获利率更高的地方。

（2）解约扣息。因为是定期存款，所以都会签订一定的期限合约。直到期满之后，本期才能按照约定的利息计息，因此流动性相当低。但是谁也不敢保证定期存款一定能够满期，也许因为急用而

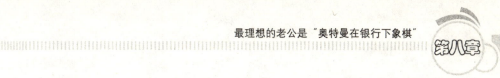

必须解约。这时的定期存款不但无法拿到较高的利息，有时还得付出解约金，利息收入反而不如活期存款。这是定期存款的另一大缺点，而且是会时有发生的。

（3）丧失机会成本。因为一旦存款，则该笔资金就不能再用于投资等其他方面。因为资金的流动性低，你就无法灵活使用，所以就算遇到不错的投资机会，也无法将这笔资金提出，用在投资股票、买基金，或购买其他物品上面。因此，就会牺牲投资其他商品的最大报酬率，而这种机会成本所得到的收益往往要比定期存款所得的收益大得多。

如果社会生活进入"负利率时代"，普通老百姓、尤其是热衷于储蓄的人就需要高度警惕：如果在这种情况下还坚持存款，CPI指数将使你存在银行的钱偷偷地变少。既然存钱会赔钱，那么就只好转变理财观念，不再存钱，而是主动出击去选择投资。因此，"你可以跑不赢刘翔，但是你一定要跑赢CPI"已经成为许多人的口头禅。

为了使财富不变少，不因通货膨胀的原因而使自己的钱缩水，人们唯一的选择就是主动出击，去寻找一种更快的财富增长的方式——投资。但是，理财专家指出，在众多投资理财工具的选择面前，因为人的性格不同、拥有的财产和对理财的要求不同，也要选择不同的投资方式。比如，对于比较激进的投资者，可以将大部分资产投资在股票上，当然，略为保守的可以分散一部分资产在债券上。经济学家告诉人们，投资的时候，不要把所有的鸡蛋放在同一个篮子里。为了达到风险的分散，股票投资部分也可以分散在不同投资风格的股票上，保持价值型股票和成长型股票的比例平衡。

总之，为了使家庭财富增加，使自己的生活能够过得更好，当定期存款已经不能给人以满意的回报，甚至会使两个人的财产缩水时，一定要转变理财观念，不要再以为将钱存在银行里就万事大吉了。因为你所需要的是让钱为你再赚钱，而不是靠微薄的利息回报来积累财富。更何况定期存款已经不能再为人们积累财富。所以，对于每个人来说，一定要清醒地判断大的经济形势及发展趋势，选择新的适合自己的投资方式，要么去买股票，要么去购买基金，而不是把钱放在银行里等待缩水。

▶ **负利率时代**

"负利率时代"是指物价指数（CPI）快速攀升，导致银行存款利率实际为负的这样一段时期。2010 年 3 月，国家统计局公布的今年 2 月份 CPI（居民消费价格指数）高达 2.7%，超过了 2.25% 的一年期存款利率，中国已经进入负利率时代。

3. 适当负债更有利于家庭的发展
—— "良性债务"

负债难道还是好事？

在日本有一个流传很广的故事：古时候日本渔民出海捕鳗鱼，

因为船小，回到岸边时鳗鱼几乎都死光了。但是，有一个渔民船上的各种捕鱼装备以及盛鱼的船舱，和别人的都完全一样，可他的鱼每次回来都是活蹦乱跳的，他的鱼因此卖的价钱高过别人几倍，没过几年，他就成了大富翁。后来他身染重病，不能出海捕鱼了，才把这个秘密告诉他的儿子：在盛鳗鱼的船舱里，放进一些鲶鱼。因为鳗鱼和鲶鱼生性好咬斗，为了对付鲶鱼的攻击，鳗鱼也被迫竭力反击。在战斗状态中，鳗鱼求生的本能被充分地调动起来，所以就活了下来。这就是自然生态的奥秘之处：当鳗鱼面对天敌时，警戒心倍增而求生欲被激发，全力抵抗鲶鱼的威胁侵扰，从而加强了对运送过程的适应力，存活率反而提高。

富翁把鲶鱼和鳗鱼放在一起，使鳗鱼感到有生存的压力，所以拼命反抗，生存了下来。而其他人的鳗鱼因为没有生存的压力，所以便失去了求生的本能，便死了。这就是压力的作用。但是富翁为什么不放其他的鱼呢，比如鲨鱼，岂不更能激发鳗鱼的求生本能？正如一个弹簧所能承受的压力是有限的，如果超过了它的极限，弹簧就会被压坏一样，压力也应当是适当的。在鲨鱼面前，鳗鱼根本没有能够逃生的可能，只有被吃掉这一条死路。所以压力过大，也难以生存下去。同样地，对于人类也是如此，那些没有压力的人往往便没有十足的干劲，也就成不了什么事。理财也是同样的道理。**一个人如果没有适当的负债，似乎就会觉得自己活得很轻松自在，也就不会努力去积累财富。但是债务过高则会压得人喘不过气来，也会适得其反。所以，年轻人应当承担一定的债务，但是不要承担过重的债务。**

2006年年底，某调查机构发布了一个关于信贷消费的报道，他们在北京、上海、广东对1500名大学生进行了问卷调查。在这1500

名大学生当中，有 30％的人表示他们要在毕业后 5 年之内买房子，有 20％的人表示要在毕业后 5 年之内买汽车，他们大都选择以向银行贷款的方式来购房、购车。可见，信贷消费的人群在未来会有逐渐扩大的趋势。

当前信贷消费已经成为了越来越普遍的现象，越来越多的人加入了信贷消费的行列。比如说买车、买房及买一些消费品，都会采用向银行贷款的方式来实现。"花明天的钱享受今天的生活"这种消费方式得到了不少人的认同，但是有些人却由于过度负债消费，成为了房奴、车奴和卡奴，使自己的生活陷入了困境。

因此，我们有必要对负债的现象进行系统、深入的分析，引导人们对债务有一个清醒的认识，以免人们在信贷消费的同时背上沉重的财务负担。经济学上通常把债务分为两类：一类是良性债务；一类是不良债务。所谓良性债务，就是你可以自己控制的负债，如生活费、娱乐费、子女教育费等。以买房为例，就是如果个人购买住房（自己居住）向银行贷款，月还款金额不超过月收入的 30％，这样的债务就是属于良性债务。如果购房人的还贷比例达到了月收入的 50％，在这种情况下，对购房人来讲就不具备财务的弹性：一旦收入减少，就很容易使购房人陷入财务困境。现在社会上出现了很多房奴，就是因为他们每月的还款额严重地超过了自己的实际支付能力。如果能够将还款额严格地控制在月收入的 30％以内，就会在住上自己房子的同时，在财务上处于一个安全的境地。30％－50％之间就给自己留出了足够的弹性，不至于因为收入的变化而背上沉重的财务负担。因此，我们说购买住房，将还贷比例控制在月收入的 30％以内，是一种良性的债务。在现实生活中，我们看到很多人在贷款购买房子后，他们每个月向银行支付月收入 10％－30％

的还款额，他们心安理得地住在自己的房子里。而如果超过了 30%
则就成为了非良性债务。

债务一般说来并不是好东西，所以有句俗语说："无债一身轻。"
所以很多人都害怕承担债务。这是一种良好的心态。但是正如没有
压力就会没有动力一样，一个人完全没有一点债务，有时也并不是
一件很好的事。债务有好的债务和坏的债务，好的债务能增加你的
收入、现金流、净资产。比如你去贷款购买一个住房，或一个商铺，
然后用于出租，如果你每个月可以收到的租金和你每个月向银行支
付贷款的本息和之间，存在一个合理的安全空间，那么这就是良性
债务。

经济学十大原理之一是激励。经济学家认为，人们会因为受到
激励的影响而做出相关的举动。而债务便是一种激励。有债务就需
要偿还，而偿还债务就需要认真地去工作，努力地去赚钱。而这样
就会使得人们在债务的压力下更有干劲，更会努力施展自己的才能，
甚至会进行进一步的学习与深造，提高自己的能力。所以说，良性
债务会使你成为一条鲶鱼，为自己以及家庭创造更美好的未来。

▶ 良性债务：

良性债务，就是指你可以自己控制的负债。这种债务一
般是指负债者可以在一定的时间内便可偿还，并且不会影响
自己及家庭的生活质量。良性债务不仅能够使负债者的生活
或者事业能够暂时得到金钱上的帮助，还能够促使其为偿还
债务而努力工作，努力发挥个人潜能，所以就对个人与家庭
来说都是良性的。

4. 只买需要的不买想要的
——有效需求

> 胡乱买东西是因为什么？

有一天，一个渔翁在河边钓鱼，看样子他的运气很好，没多久，只见银光一闪，便钓上来一条。可是，十分奇怪的是，每逢钓到大鱼，这个渔翁就会将它们放回水里，只有小鱼才放到鱼篓中。在一旁观看他垂钓很久的人感到很迷惑，于是就问："你为何要放掉大鱼，而只留小鱼呢？"渔翁答道："我只有一口小锅，所以煮不下大鱼，而且小鱼的味道更鲜啊！"

众所周知，大鱼当然比小鱼好，但是渔夫没办法，只为他的锅小，只能装得下小鱼，所以他只好把大鱼再放生，留下小鱼。从经济学上讲，渔夫的这种行为可以称之为"有效需求"。按照凯恩斯的说法，所谓"有效需求"是指商品的总供给、价格与其总需求价格相等时社会对于商品的总需求，而这个总需求是由总消费需求和总投资需求构成的。

凯恩斯提出了三大心理定律，即所谓心理上的消费倾向（边际消费倾向递减规律）、心理上对资产未来收益的预期（资本边际效率递减规律）和心理上的流动性偏好。

就个人消费来说，量入为出，消费水平依赖于收入水平，消费额总是占收入额的一定比例，这种比例就称为"消费倾向"。按照凯

恩斯的理论来说，消费者的消费水平应该低于他的收入水平，只是占一定的额度，绝对不能超过。

实际上，**个人的消费行为取决于自己对未来的预期，因为个人的预期未必就一定正确**。所以常常会有许多刚结婚不久的年轻夫妇变成了月光族，每到月底许多人要么靠举债度日，要么靠透支信用卡度日。

首先，个人在做出预期时，依据的是个人掌握的消费信息，而这种信息常常是分散的、片面的，甚至有很多是不对的。不少人做出预期时更多是听了"传言"，而这些"传言"既包含正确信息，也包含错误信息，甚至就算是正确的信息也会被扭曲变形。

其次，人们对未来的预期常常是互相影响的，一个人的预期常常会影响别人，也要受别人影响。所以，我们经常会受到示范效应的影响。

在决定购买哪一物品时，消费者所依据的是短期预期。此种短期预期的正确性还是主要的。比如，消费者对某一商品价格的预期是下降的，他们就会持币待购，对并不是急需此类商品的人来说也会去购买的。

价格预期与收入预期是影响消费者需求预期的主要因素。当消费者预期未来的价格有上涨的可能性时，就会影响当前的购买。即消费者常常将当前的价格上涨作为今后价格进一步上涨的信号，来做出未来价格上涨的预期，从而在当前物价上涨少时增加购买。此时，影响购买行为的并非当前的高价格，而是未来的更高价格。所以，买涨不买落和需求定理并不违背。同理，消费者也会将当前的价格下降作为今后价格会进一步下降的信号，而做出未来价格下跌的预期，从而在物价下跌时减少购买。此时，影响购买行为的也非当前的低价格，而是未来的更低价格的预期。

收入预期是消费者的一个重要预期。此时，消费者并非预期整个社会收入水平的走势，而是预期自己个人收入水平的走势。大多数消费者希望自己的生活稳定，所以，决定其消费的常常不是一时的收入，而是一生的收入。而这一生的收入又取决于对未来收入的预期。对于不同的消费者，收入预期的影响不同。通常而言，年轻、文化水平和技术高的人，对于未来收入预期是乐观的，他们觉得自己赚钱的能力强，未来的收入会随之增加。所以，他们的消费模式是支出大于收入，也就是愿意用消费信贷的方式，先借钱花，之后再还。这种乐观的收入预期鼓励了他们消费。

所以，很多年轻的男女会因为对自己的收入预期乐观，所以便不管自己是否需要，是否是"有效需求"，便由着自己的欲望去进行消费，结果成了月光一族或者卡奴。人的欲望是无穷的，正如古人打油诗所讥讽的那样：终日奔忙只为饥，方才一饱便思衣。衣食两般皆俱足，又想娇容美貌妻。娶得美妻生下子，恨无田地少根基。买到田园多广阔，出入无船少马骑。槽头拴了骡和马，叹无官职被人欺。县丞主簿还嫌小，又要朝中挂紫衣。做了皇帝求仙术，更想登天跨鹤飞。如此贪心不知足，终将坠入深渊里。若要世人心满足，除非南柯一梦西。

因此，想要活得开心一些，不沦为钱的奴隶，就一定要控制自己的消费欲望，只做"有效需求"的消费，而不是让欲望控制自己的大脑。

▶ **凯恩斯**

约翰·梅纳德·凯恩斯（1883—1946），他创立的宏观经济学与弗洛伊德所创的精神分析法和爱因斯坦发现的相对论一起并称为 20 世纪人类知识界的三大革命。他著有《就业、利息与货币通论》，最先提出了有效需求原理，认为需求能够拉动经济的发展。

5. 房子到底要不要买
——投资还是消费

> 买房应该考虑哪些因素呢？

10 多年前台湾歌手郑智化的这首《蜗牛的家》就唱出了现在人们的普遍心声。房价在几年内迅速上涨了许多倍，这让很多人，尤其是刚刚到社会上来、还没有站稳脚跟的人"望房兴叹"，一个小小的温暖的家的梦想都很难实现。这几年房价更是疯涨得要命，比高铁的速度还要快。然而在中国人的观念中，没有房就没有家，如果结婚不买房好像说不过去。于是很多人在能力达不到，赚钱不够的情况下，便变成了房奴。2009 年一部名为《蜗居》的电视剧更是把买不买房的问题推到了舆论的更高潮。

"现在能不能买房？"目前已成为困扰大多数购房者的问题，购房者希望得到专家"能"或者"不能"的指引，然而专家的指引到底有多可靠呢？研究人员告诉我们：在信息日益泛滥的今天，几乎所有所谓的专家都在滥用他们的信息，而且几乎所有的专家都握有一件致命武器，那就是：把信息转化为恐惧。

比如房产经纪人针对买方会宣称"房源紧张，欲购从速"，实际上他们可能很久都没有成交了，而针对卖方，恐吓式的建议似乎更多，他们会经常宣称你的房子有这样或那样的问题，以至于根本卖不掉。所以，当你作为一个买房者对是否买房难以决断时，专家的建议其实并不那么可靠。事实上，人们买房的目的一般有两个：一种是自住，另一种是用于投资。而对于家庭金融资产规模较小的人，购房主要是考虑自住为主，而不是投资。年轻人买房一般都是为了自住，所以他应该注意以下几个方面的因素：

（1）房子是否实用。对于自住型购房者来说，实用是要放在首位的。首先要看交通条件是否便利，周边的自然环境是否好，房屋结构是否满意，价钱是否合理等。总之就是要住得起，并且舒适实用。

（2）房子能否适应今后生活的变化。要知道对于年轻人来说，生活不可能是一成不变的，自用型住房在选房的初期就应该考虑到今后生活的变化。如果是单身的人一定要考虑到日后的结婚、生子；孩子尚小的人要考虑到孩子上学的条件与环境等等问题。只有这些条件都能够满足，才是一处好房子。

（3）物业公司好不好。对于自用房产来讲，物业公司的优劣绝对是一个大问题。一家好的物业公司所提供的优质、完善的服务直接关系到业主生活的舒适度与便利度。这一点对于购房自用的人来说尤为重要，因为你可能要在这个房子中生活十几年甚至几十年。

（4）此外，并不是说自住房就不用考虑到房子的升值问题。自住型房子也一定要有一定的升值潜力才能购买。在考虑好以上条件的情况下，还要考虑房产的升值潜力。虽然我们买房的目的是为了自住，但也要考虑日后房产升级的因素——随着生活水平的提高，

也许对于自住房产的面积、品质等方面的要求也会相应提高，而对自用房产进行升级时，将"老房子"卖个好价钱会对购买新房大有帮助。

从投资角度讲，"房地产投资"与购买股票、国债和期货合约可以说并没有什么两样，理由也相同，那就是对于它的未来增值预期有多少。比如买某只基金，是因为自己分析它要涨了，需要搞清楚的是什么时候涨、涨多少。同样，如果你想做纯粹的"房地产个人投资"，则主要考虑的是该房产的未来增值预期有多少。什么样的房产最具有升值潜力呢？一般来说，具备以下几个条件的房子才有升值的空间：

首先，房产作为不动产，它的地理位置是最能带来升值潜力的条件。那些在地铁、大型商圈、交通枢纽等地段的房子升值潜力比较大。

其次，所购房产周边的基本配套设施和政府综合城区规划的力度和预期，是否有便捷的交通、学校，也会为楼盘升值起到推动作用。

再次，房产所属的小区的综合水平也是未来房产升值的评判标准。最后，还要看该房产所属地的出租率和租金情况。

不管是自住型的消费购房，还是投资型的购买需求，都应该考虑到房价未来能涨多少，因为大部分人是用毕生的积蓄购买房产，起码也得保证较长年头内不跌，才能做到真正划算，投资才能得到良好的收益。不然房子买不好，很容易就会成为一个巨大的负担，会把自己压垮。

很多人将买房当作结婚的筹码，尤其是很多女性以买房为要求来逼迫对方，不买房就不结婚，不买房就分手。房子的确很重要，但是如果一个人没有能力去买，或者买房之后会使自己的生活质量下降，那么就没有买的必要，至少不一定非得在婚前买，也可以等到以后两个人的工作都有了一定的起色，收入有了相当的提高之后再买也不迟。很多人因为房子的问题而分手，要求房子的一方会认为对方不看重自己，而被要求的一方则会认为对方爱房子超过爱自己。当婚姻遭遇房子时，你是选择房子，还是选择一个愿意陪伴你过一生的人呢？这是一个问题！

房地产投资

所谓房地产投资，是指资本所有者将其资本投入到房地产业，以期在将来获取预期收益的一种经济活动。

6. 别拿豆包不当干粮
——小心 "心理账户" 的陷阱

> 为什么同样是钱，有时却有很大的差别呢？

芝加哥大学终身教授、美籍华人奚恺元讲了这样一件小事：

"我有一个学生，每次我找她来学校讨论问题的时候，她总要花

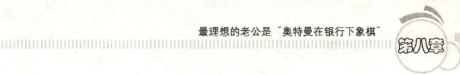

上1个小时从家坐轻轨、转地铁、再转公交车赶过来，一路上的辛苦自然不言而喻。学生舍不得花钱，乘公交是很自然的事情。有一次在她临走时，我给了她100元钱作为她回去的交通费，结果我看到那天晚上她回去的时候一下楼就叫了辆出租车，潇洒地走了。从那以后，我发现只要我在她临走时给她点钱作为交通费，她就会叫出租车回家，俨然有些阔小姐的味道了；而如果哪次我没有给她交通费，不管多晚她照样坐地铁、换公交车回家。她告诉我这也是心理账户的影响：如果我付给她的100元钱是作为每日的工资或者劳务费的话，她肯定每次都会把那100元钱放放好，还是舍不得花，继续乘公交车；但是我给她的100元既然是作为交通费的，那就区别对待了。"

这种现象是不是也经常发生在你的身上呢？仔细想一想，你是不是会很容易地就把兼职赚来的钱花掉，而把正职所赚的钱存起来呢？难道兼职赚来的100块钱与正职赚到的100块钱有区别吗？没有，从经济学角度来看，一点儿区别也没有。但是我们却总是做出类似的事情。再比如，你刚发了工资，朋友让你请客，你也许会觉得很为难，但是如果你额外得到了一笔奖金，朋友让你请客时，你十有八九会很爽快地答应。同样地，工资与奖金都是钱，根本没有任何区别。那你又为什么会这样做呢？人们之所以会做出这样的事情来，用行为经济学上的一个观点来解释，就是"心理账户"在起作用。

芝加哥大学行为科学教授萨勒提出了心理账户的概念：个人和家庭在进行评估、追述经济活动时有一系列认知上的反应，**通俗点来说就是人的头脑里有一种心理账户，人们把实际上客观等价的支**

出或者收益在心理上却划分到不同的账户中。

有一次，某人和他的妻子到澳门旅游，一天晚上他在旅馆辗转反侧，突然看到地上有 5 个 1 元的硬币，恍惚间他感觉到 15 这个数字在硬币间一闪而过。某人认定这个数字能够带给他好运。于是他穿戴整齐地出了门，去附近的赌场赌博。这次他赌的是数字，他选择了数字 15，然后用 5 元钱硬币作为赌注，输了就赔进去，赢了就得到 35 倍的数量。果然，15 这个数字很神奇，他一上桌就给碰上了。于是他更加认定 15 带给他的魔力。他继续下注，一次又一次地，小球像装了吸铁石一样往 15 这个区域跑。他的钱从 5 元到 175 元到 6125 元……最后到了 750 万的时候，赌场的老板不愿意了，就不再让他继续玩下去了。某人正在兴头上，当然不肯就此罢休，他揣着刚刚赚来的 750 万去了附近的另一家赌场，玩一种类似的赌法。他依旧选择 15 作为自己的幸运数字。结果这次这个神奇的数字一次也没有中，某人输得分文不剩，最后只得沮丧地回到旅馆。此时妻子正着急地在楼下等候着他，见他回来忙问他上哪儿去了，他说去赌博了。妻子又问他是不是输钱了，输了多少。他回答说："还行，就输了 5 块钱。"

事实上，他输的远远不止 5 块钱，他输的是 750 万！赌博赚来的 750 万和工作赚来的 750 万从经济学的意义上讲没有任何差别。但是很显然，他并没有把赌博赢来的那 750 万当作自己的收入看待。赌博赢来的钱在他的心里专门被放在一个账户。他没有把这个账户中钱跟工作挣来的钱放在同等的地位上看待。所以，即便是输掉了，也没觉得怎么心痛，最多只是觉得自己运气不好罢了。

心理账户的存在影响着人们以不同的态度对待不同的支出和收益，从而做出不同的决策和行为。日常生活中大多数人的经济决策都会受心理账户的影响。心理账户和经济学意义上的账户最大的概念上的不同是：从经济学的意义上来说，每 1 块钱都是可以互相替代的，不管是你捡来的 1 块钱还是你挣来的 1 块钱或者是得奖赢来的 1 块钱都是一样的，对你而言，你的总财富都多了 1 块钱；同样，你丢掉的 1 块钱和你用掉的 1 块钱或者被偷了的 1 块钱也是一样的，你的财富都少了 1 块钱。

由于心理账户的存在和效应，在两种等价的情况下正常人往往会做出自相矛盾的判断和决定，离理性有很大的差距。现在，通过阅读本篇的内容，你已经对心理账户所导致的欠理性行为误区有了一定的了解，而知道错误的存在正是改进和避免错误最好的办法。同时，你要知道，钱是具有完全可替代性的，辛辛苦苦挣来的钱和买彩票中奖得到的钱，如果数值相同是没有差别的。所以，不应该在有了"意外之财"的时候大手大脚，也不必对自己的辛苦钱看得太紧；对于大钱和小钱也应该一视同仁。这个方法的本质就是换个角度思考，考虑一下如果自己处在相反的或者其他的情形时会如何决策。

年轻人因为涉世不深，与商家打交道的水平不高，所以就更容易会受到心理账户的影响，从而做出错误的选择。把应该节省的钱花掉了，或者把应该花的钱省了下来，这两种都是不好的消费行为。所以每个人都要分清自己的"心理账户"，不要因为心理的原因，把钱分为"三六九等"。

心理账户

心理账户是行为经济学中的一个重要概念。由于消费者心理账户的存在，个体在做决策时往往会违背一些简单的经济运算法则，从而做出许多非理性的消费行为。我们都有两个账户，一个是经济学账户，一个是心理账户，心理账户的存在影响着我们的消费决策。在经济学账户里，每1块钱是可以替代的，只要绝对量相同。在心理账户里，对每1块钱并不是一视同仁，而是视不同来处，去往何处采取不同的态度。心理账户有3种情形，一是将各期的收入或者各种不同方式的收入分在不同的账户中，不能相互填补；二是将不同来源的收入做不同的消费倾向；第3种情形是用不同的态度来对待不同数量的收入。

7. 应该不应该让男人留有私房钱
——拉弗曲线

> 男人偷藏私房钱是干什么用的？

在我们的观念中，欧美人工作的时间很少，1周不到5天，1天不到8小时，整天总是想着去旅游、玩乐。因此，我们便以为欧美人很"懒"。实际上欧美人真的懒吗？他们不工作是因为都喜欢玩乐吗？事实并不是如此。2003年的《华尔街日报》上刊登的一篇名为《美国可能走上欧盟的高税收之路》的文章，很好地回答了这个问题：

美国人在经济上比欧洲人更强，部分原因在于他们工作得更多，

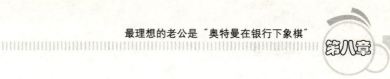

这种差异往往被归因于文化差异：美国人想消费更多，而欧洲人想享受更多闲暇。

但是在 20 世纪 70 年代，法国人的工作要比美国人长，他们现在的工作时间减少了三分之一，原因不是向往美好的生活，而是为了逃避欧洲的税收，包括工薪税。但美国人不能沾沾自喜：如果不能解决社会保障和医疗保险制度方面隐现的危机，他们也会走上同样的高税收之路。

明尼苏达大学的普莱斯考特教授说，欧洲的高税收使得雇佣劳动代价高昂，使得扣除税收后的净收入也许并没有增加多少。税收负担越重，雇主就越难用薪金吸引人参加工作，人们就更愿意领取政府津贴、读书或提早退休。他说，从 20 世纪 70 年代初期到 90 年代中期，法国的税率从 49％上升到 59％，而美国的税率则保持在 40％。结果是，20 世纪 70 年代早期处于工作年龄的法国人平均每周的工作时间是 24.4 小时，比美国人多 1 小时。到 20 世纪 90 年代中期，法国人平均每周的工作时间减少为 17.5 小时，而美国人平均每周的工作时间增加到 25.9 小时。

几个主要工业化国家的工作时间与税率之间的关系是相似的。在税率甚至比美国还低的日本，工作时间更多，而在税率最高的意大利，工作时间最少。20 世纪 70 年代，当税率差别缩小时，工作时间的差别也缩小了。欧洲对美国更为重要的教训可能是没有为婴儿潮时的出生者准备退休时的支出的代价。白宫预算办公室说，在未来几十年中承诺的社会保障和医疗保障方面的支付要比将得到的收入多 18 万亿美元，而且，还不包括布什总统和议会想要通过的昂贵的新处方药的福利提案。要在不削减任何福利的情况下弥补这一差额，就要求社会保障医疗工薪税的总额增加 7.1 个百分点，而现在已是 15.3% 了。

由此可见，因为税收太高，人们的薪资在缴纳个人所得税之后几乎剩不下多少。所以，欧美人越来越多地选择不去工作，而是去做其他的事情，因此给我们的感觉是有些"懒惰"。

税收是国家为实现其职能，按照法律规定，通过税收工具强制地、无偿地征收，参与国民收入和社会产品的分配和再分配取得财政收入的一种形式。税收由政府征收，取自于民、用之于民。如果不假思索，所有的人都会认为税收越多越好，但是税收的多少并不是可以随意定的，而是有一定的经济学依据的。关于税收的分析，最有名的是经济学家拉弗画的一条线——拉弗曲线：

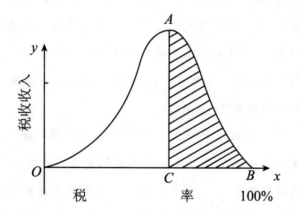

从这条曲线中我们可以看出：当税率在一定的限度以下时，提高效率能够增加政府的税收，但是当超过一定的限度时，再抽调税率反而导致政府税收减少。正如上面的例子所反映的，这正是**拉弗所说的"税率高于某一值时，人们就不愿意工作了"。其实在婚姻中也存在着拉弗曲线的现象，那就是男人的私房钱。**虽说现在男女谁

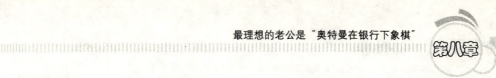

掌握财权还不一定，但是家庭中的财权是共有财产，是不能随便乱动的，但是私房钱却是自己的。作为一个男人，如果没有私房钱，可能会产生诸多不便。有一个被老婆管得服服帖帖的男人写了一封信给他的妻子，讨要私房钱：

如果男人没有私房钱，我觉得情况是足够地"糟糕"。不论夫妻关系多么地融洽，不论妻子多么地善于理财和通情达理，那种"用钱张口，花钱伸手"的感觉岂是男人的精神和心理所能承受的？如果没有私房钱，那么男人：

一　你将不能依自己的方式表达对父母的孝心。你需要和她商量，征求她的意见；当"动作"频繁时，要看她的脸色。如果她对公婆稍有微词或者她本来就没打算关心公婆时，你将自食苦果：在父母、亲友面前"底气"不足，要么顾左右而言他，要么装蒜"哭穷"。

二　你没有自己的朋友圈子，朋友也会对你另眼相待。因为你不能自己做主，也不能做自己的主。朋友凑在一起，难免吃点儿喝点儿。而你要么不参与，要么向朋友暂借；无论哪种方式，都会让朋友觉得你"窝囊"。

三　如果你有不错的异性朋友，那么你只有尊奉"君子之交淡如水"的信条了。哪怕是一张节日的贺卡，或者一件很小的生日礼物，你要么回避，要么在妻子面前"堂而皇之"地撒谎，事后还会战战兢兢，惟恐避之而不及。

四　你不能给妻儿带来惊喜。在你因公出差或者其他原因到外地的时候，无论你怎样牵挂自己的小家庭，都不能带给她们"惊喜"，因为你的所有的支出都被妻子纳入了支出"预算"。你带来的所谓"惊喜"也是建立在"牺牲"家庭利益基础之上的必要支出。

没有私房钱的弊端还不止这些。但它已足可说明，在你们的小家庭之中，是没有真正的平等的。而对于手握财权的女人来说，如果男人没有私房钱，也可以说明：

一　你是个独断型的女人，具备控制家庭的"能力"。男人将自己的收入和家庭的财权完全交给你了，能够证明你对家庭的控制力，但并非证明你的理财能力。

二　你的男人在理财方面的能力是懦弱的。他甚至连基本的独立和"自由"也没有，他把财权交给了你，而自己却可以撒手不管。一方面证明他对你的信任，另一方面则证明他的不自信。一个不自信的人当然不会只在钱财方面上如此，在其他方面也难有自信，当然也就不会有多大的出息。

三　你是不明智的。给男人一些自由，让他更洒脱一些，他的洒脱将带给你和家庭更多的责任和关心；给男人一些自由，让他知道，除了女人和小家庭之外，他应该有自己的空间和追求；给男人一些自由，或许还能证明，有女人（你）的帮助和参谋，这个家庭将更加地和谐和幸福。

无论男人还是女人，有点儿私房钱都是必要的。因为人都是有隐私的，都是有自己的"个别"需要的。如果没有私房钱，我们个人的每一点"支出"都将透明，都将向她（或他）请示或者汇报，这现实且长久吗？这体现了夫妻之间真正的信任和相互理解吗？你是男人，如果还没有私房钱，那么就从今天开始，为建设自己的"小金库"做点准备吧。你是女人，不妨手下留情，对男人"睁一只眼闭一只眼"，让他自由一些，在外面潇洒一些，让他有自己的空间和追求，让他在"外交"场合做一个"说了算"的男人。这样的男人也容易拴得牢，至少他不会为了私房钱而反对你，也不会为了藏私房钱而总是防着你。

这个男人到底有没有讨要到私房钱呢？不得而知，但是他说的话还是很有道理的。私房钱是很重要的，尤其是在现在两性越来越平等、越来越需要个人独立空间的新时代，私房钱的重要性更是以前所不能比的。

▶ **拉弗曲线**

一般情况下，税率越高，政府的税收就越多；但税率的提高超过一定的限度时，企业的经营成本提高，投资减少，收入减少，即税基减小，反而导致政府的税收减少。描绘这种税收与税率关系的曲线叫做拉弗曲线，由美国供给学派经济学家拉弗提出。

8. 谁掌管家中的财务
——权责明晰

> 财务大权应该让男方管，还是女方管呢？

武汉《长江日报》在 2010 年 3 月进行了一场"家庭财权谁掌

控?"的调查。在这次调查中发现，"妻子掌权"为大趋势，达到受访人的 47.27%。24.61% 是"丈夫当权"。16.41% 为"家庭民主，共掌财权"。

武汉市民周丽娟认为，丈夫花钱大手大脚，不能让他管钱。促销员林虹也执掌着家庭财权，她认为这太正常不过了，同事、亲戚家"大多是这样的"，还有一个理由是"男人手里不能钱太多"。教师张怡说以前是她管，但是前年她进入股市大亏后，将财权交给了老公。"他比我冷静，也不会有非理性的购物冲动，让他管更合适。"

工程师黄刚说他家是"共掌财权"：老婆的钱管日常开支，他负责还每月的房贷；遇到大笔开支，商量解决。将要退休的人民教师杨春则认为，对一个家庭来说，共掌财权有些难。"经过一段时间的磨合，应该产生一个财权领导者，不然会分歧不断，争吵不休。"

既然我们将婚姻看作是一个企业，那么公司的运转必然会涉及到财务问题。家庭的财务管理也是一个重要的问题。虽然根据调查，女性掌握财权是大趋势，但是具体到一个个的家庭，到底应该由谁来掌握财权呢？

在企业管理中经常会遇到权、责、利明晰与否的问题。权、责、利原则是指管理过程中的权力、责任、利益既结合、又统一的管理方式与过程。权力、责任、利益是管理过程中管理者实施管理的"三要素"，缺一不可。没有权力的管理是空泛的，没有管理的权力是虚构的，权力与管理从来都是紧密相关的。责任既是权力的过程，也是管理的过程；利益既是权力的实现，也是管理的实现。不应该有没有责任的权力，也不应该有没有权力的责任；同样，不应该有没有权力与责任的利益，也不应该有没有利益的权力和责任。这就清楚地说明，管理的过程，实际上也就是责、权、利结合与统一的

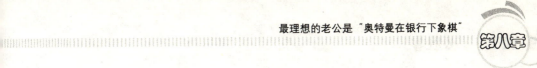

过程，当然也是责、权、利使用与实现的过程。

权、责、利三者之间，责任是传导层次，也是关键环节。离开了责任，权力就会落空，当然利益也就丧失了。因而，现代管理理论强调"责任绝对性"：高层管理者分权也好，授权也好，都要对分权与授权的结果负最终责任。管理者当然更要为自己的权力行为负责任。

责任的结果或形式，可以是奖励，也可以是惩罚，也就是说，可以通过利益的方式来制约与鼓励。总之，责、权、利在管理过程中，既是相关的，也是统一的。

当然，权、责、利统一是有一个重要前提的，那就是责、权、利原则要与相应管理者的能力相匹配，大材小用与小材大用都会使责、权、利原则难以落实。从企业管理的角度来看，能力是实现责、权、利原则的关键因素，因为管理者的能力是责任的关键因素。如果一个人没有能力，即使他愿意承担责任，那他也是承担不了的。对于一个大的企业来说，它的管理者既要有社会、政治、经济、文化、心理、专业等方面的知识，又要有很好的处理人际关系方面的组织才能，还要有一定的管理实践经验，也就是说，要有相当的素质与能力才可以承担责任，拥有权力，获得利益。

而在家庭中，其实也存在着这样的问题。虽然人们调侃说："一山不能容二虎，除非一公和一母，"但是在掌管财权上，还是会"厨子多了烧坏汤"的，只能由两人中的一个人来管理。但是家庭中的财权又同企业管理中的权力不同。企业管理中的权、责、利统一是对于同一个人来说的：如果他拥有权力，承担得了责任，那么也就能够得到利益；而在家庭中，拥有了财权，当然需要责任，但是并不是独享利益，而是两个人共享的。这就出现了搭便车的现象。也就是说，两个人中的一个人根本不必为家庭财务而劳心劳力，但是却可以享受另一方主管财务而带来的好处。此外，**家庭中的财务方面的责任也不是一个人来承担的，而是由双方共同承担的；至少在大多数家庭中，双方都要将自己的工资用于家庭开支。**

在企业中，这种搭便车的行为也可能会存在，但是肯定会被一些制度消除，因为这会影响到被搭便车者的工作；但是在家庭中，这却难以避免。所以，只好任由另一方搭便车，唯一可以做的就是控制对方的私人开支。在家庭中，也同企业中一样，谁有能力谁负担责任，谁在理财上有能力，谁来掌管家庭财务，因为如果让没有能力的一方掌管，家庭财务可能就会掌管得不好，会影响到共同利益，对有能力的一方也是不利的。所以说，虽然女性掌管家庭财务已经成为一种趋势，但并不是所有的女性都适合执掌财务。因此，应当因家庭而异，而不是顺潮流而做出不利于自己家庭的选择。

▶ 权、责、利明晰

权、责、利明晰是指在企业管理中权力、责任与利益之间要清晰，拥有权力就要承担责任，而承担责任就需要得到一定的利益，三者是统一的，但又是明确的，不能只拥有权力，享受利益而不承担责任，也不能只承担责任，而没有权力，不享受利益。在企业中，只有权、责、利明晰才有可能真正地将企业管理好。

第九章
历史证明，男人只相信家犬、现钞和老妻

　　婚姻是一种资源，一种特殊的共创共享的资源。如何共同创造婚姻的价值，共同享用其使用价值，维持好婚姻，维护好双方的利益则是一个重要的问题。在婚姻生活中，两个人都要遵守一定的规则，共同将婚姻这个蛋糕做大，合理分配婚姻这一资源，使婚姻呈现一种双赢的长期利益增长方式。如何将蛋糕做大，如何公平地分配，便是本章所要告诉读者的问题。

1. 等爱走了以后，还剩下什么
——爱情的剩余价值

> 爱情能给自己剩下的是物质财富还是精神财富？

香港著名女作家亦舒有一句很有名的话，被许多女性奉为经典："我要很多很多的爱。如果没有爱，我就要很多很多的钱。如果两样都没有，有健康也是好的。"健康，一般来说都是有的，而爱与钱就不一定了，尤其是"很多很多"，拥有的人并不是"很多很多"。

在琼瑶的言情小说中，无论男女，都爱情至上，"没有爱，毋宁死"，但是亦舒并不这么认为，至少她在其最为有名的小说《喜宝》中便认为，在爱情与金钱面前，爱情可以说一文不值，而金钱要比它的面值还要有价值。所以说，女主人公选择了男主人公的爸爸，而不是他。

爱情是一种保鲜期很短暂的东西，据说最多只有 18 个月。此后剩下的是亲情与利益。这样说虽然残酷，但是却是事实。男女之间的爱情最后会变成亲情与利益，这也是爱情的"剩余价值"。

所谓剩余价值，是由马克思提出的，大意是指雇佣工人创造的被资本家无偿占有的超过劳动力价值的价值。这里的剩余价值，即资本主义的剩余价值，本质上也是劳动者创造的超过自身及家庭需

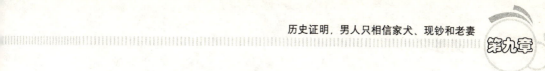

要的那部分价值，因劳动力价值是由维持劳动力的生产和再生产所需要的生活资料的费用决定的，其中包括劳动者本人的培养、教育费用和维持其家庭成员生活的费用，而这恰恰就是劳动者创造的价值中自身及家庭需要的部分——自用价值。从以上的观点可以看出，剩余价值是包括两部分的，一是真正意义上的剩余价值，另一是在创造物质剩余价值的同时所创造出来的自用价值。

爱情也是存在剩余价值的，除了我们所说的亲情与物质之外，似乎还存在其他方面的剩余价值，而且对某些人来说，这些剩余价值似乎更为重要。

一个聪明的女子曾经很自豪地说，她每次和男友分手，总能设法留下他的房子。现在她已经有房子 2 套，自用 1 套，出租 1 套。以后就是不工作，也不用为钱发愁了，靠租金足以衣食无忧。而另一个以撰稿为生的自由职业女性则不这样做，她每次和男友分手，总是挥一挥衣袖，不带走一片云彩。在第一个女性看来，第二个女性很傻，因为女人的青春短暂，爱情又很虚无，不留下点具体物质，岂不亏本？但是另一个女性并不这样认为，因为她认为，从经济学的观点看，我以为自己赚了，而不是吃亏。算起来，我平均每 3 年谈一次恋爱。每次恋爱，直接的产物是 1 部长篇小说、300 多篇散文。稿费加版税足以买 1 套房子。虽然不能出租，但文学作品可以连续和重复使用，所带来的收益不仅不比租息低，而且具有不磨损、不用修缮、不会贬值等优点，更不用担心拆迁、地震、失火等意外。这是物质的收益。如果再加上无形收益——在构思、写作过程中，思维能力、驾驭和运用语言能力的提高以及做人和艺术修养等方面的提升，这些将伴我终生，价值无法计算。所以每场恋爱下来，她都觉得自己像百万富翁。

不仅如此，因为恋爱时不用费心惦记男人的钱袋和房子，所以不必委屈自己而取悦他，也不会小心计较付出是否有回报，可以享受一份简单轻松的爱，快乐而自由，恬静而从容。交出的是一个真实的我，在一次次相互碰撞与交融中，汲取营养，被爱滋润，成长为另一个同样真实的新我。她认为男人可供女人爱的最多有 3 样——身体、思想和财富。身体无论多么可爱，只能即时享受，不能带走。能够带走的唯有思想和财富。而她的选择是思想。

这个女性批判了选择带走物质这一爱情剩余价值的女性，认为带走思想才是正确的。其实不然，因为每个人的资源稀缺性不同。第一个女性想要留下爱情的剩余价值——房子，因为她需要房子，她认为房子更重要，所以便做出如此的选择。而第二个女性能够用自己的能力，或者是在爱情中的经历来创造物质财富，同样能够得到房子的价值，所以她不需要房子，而是带走思想。当然她所带走的思想其实并不是带走的，而是从这段爱情中生产出来的自用价值。但是这些自用价值是在爱情中产生的，所以也算得上是爱情的剩余价值。

当然，这两个女性所获得的爱情的剩余价值是在失去爱情、并且没有得到婚姻之下的剩余价值。而对于一般女性来说，在结婚之后，曾经的激情消退之后，得到的则是亲情、物质以及思想。也许这才是爱情真正的剩余价值，而且也是婚姻所能够保护的剩余价值。

剩余价值

"剩余价值"是由卡尔·马克思提出的，意思是指雇佣工人创造的被资本家无偿占有的超过劳动力价值的价值。这里的剩余价值，即资本主义的剩余价值，本质上也是劳动者创造的超过自身及家庭需要的那部分价值。

2. 爱情也是可以循环的
——经济周期

> 你的爱情会转圈呢，还是会结束？

2010 年年初，华语乐坛大哥大级人物李宗盛毕十年之功力写出了一首新歌《给自己的歌》（暂名）。在这首歌中他思考了自己的婚姻，最后发出了感叹："我认识的只有那合久的分了，没见过分久的合。"分久必合、合久必分是天下的形势，而李宗盛的感叹则是婚恋关系的常态。难道说婚姻也存在这种周期，并且只存在"合久的分了"吗？

周期是很多现象都存在的，经济学也当然存在着一定的周期。所谓经济周期有时也称经济波动，是指总体经济活动的扩张和收缩交替反复出现的过程。人们早就发现，一个社会的经济运行，会如同过山车一般忽上忽下，变化莫测。一般情况下，经济周期分为 4 个阶段：谷底、扩张、峰顶、衰退。扩张阶段是总需求和经济活动的增长时期，通常伴随着就业、生产、价格、货币、工资、利率和利润的上升；而衰退阶段则是总需求和经济活动下降的时期，通常总是伴随着就业、生产、价格、货币、工资、利率和利润的下降。至于谷底和峰顶则分别是整个经济周期的最低点和最高点，也是用来表示萧条与繁荣的转折点。

据经济学家分析：根据一个周期的长短，经济周期往往可以分为短周期、中周期、长周期。短周期又称短波，指一个周期平均长度约为 40 个月；中周期又称中波，指一个周期平均长度为 20 年，它以国民收入、失业率和大多数经济部门的生产、利润和价格的波动为标志；长周期又称长波，指一个周期平均长度为 50 年左右，它以各时期的主要发明、新资源的利用、黄金的供求等为标志。

虽然有很多经济学家认为经济并不存在着周期，但是 1997 年的亚洲金融风暴与 2008 年爆发的全球范围内的经济危机表明，经济周期是存在的，并且影响着全球范围内的经济发展情况。实际上，不仅经济存在着周期，很多现象都存在着一定的周期，爱情也是存在周期的。

有一个段子是如此形容爱情周期的："周一放电，周二表态，周三初吻，周四作爱，周五腻歪，周六开端，周日没事，耐心等待。"这就把爱情的各个阶段概括了进来：从相识的初恋发展到热恋，最后要么匆匆地结尾以分手告终，要么就将爱情转化为亲情或责任的形式。像经济周期分为"谷底、扩张、峰顶、衰退"4 个阶段一样，爱情周期论也将爱情期大致划分为 4 个阶段：初恋阶段、发展了解、热恋阶段、爱情末期的收尾或转化。

每个人都渴望拥有完美的永恒的爱情，但是在现实生活当中，总会遇到各种各样的问题而使得爱情夭折或短命。**像经济周期的波动曲线一样，爱情曲线也受到很多的变数因素的影响，不是靠单纯的努力奋斗，日日厮守，博爱宽容和共同语言等等人人都熟悉的词语就能控制的。每个人的性格、风俗、习惯和家庭背景以及生活方式等等的不同，也会导致各种各样的爱情曲线。**

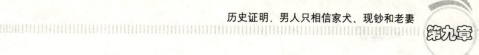

由此可以得出一个结论：寻找一生的爱情是一件微乎其微的事，但爱情虽然存在着周期，但是并不是所有的爱情都会随着周期的结束而结束。上帝安排了两个人的相遇，并且产生了爱情，至于以后的发展情况，是在经历过 3 个阶段——初恋阶段、发展了解、热恋阶段——之后收尾呢，还是出现转化，则是需要两个人共同努力来完成的。

产品也好，企业也好，都是相对于人类而言是相对固定的，变化系数较小的，是可以通过单方（人类）的决策和指挥确定的。爱情则是两个人共同完成的事情，因此爱情曲线也是由双方生活的曲线共同决定的。

一　初恋阶段

在爱情开始的时期，温馨甜蜜，浪漫无比，是最美好的一个时期。为了对方，茶饭不思，一日不见，如三秋兮。总想跟对方在一起，但是因为是初恋阶段，又不能总是在一起，所以就多加联系，短信发个不停，电话打个不断，倒也没什么要紧的话要说，但是却又说个不停，全是废话却不觉得无趣，一个电话常要聊一个小时的时间，觉得还不够，最后老是恋恋不舍地挂下电话；一个电话不够，那就两个、三个……只想早点儿下班，只想早点儿做完所有的事情，能够跟他/她在一起就好。无论贫富，无论年龄，在那个时候，两人是难舍难分的一对儿。每段爱情都会有甜蜜期，这是必不可少的，但是甜蜜期总是会很快就过去。

二　发展了解

当甜蜜期过后，彼此都会认识到对方并不是超人，虽然有很多的优点，但是也有很多的缺点。在这个时候，两个人会认为应该努力地去接受对方，并认为爱对方就要爱他的全部，包括优点，更包括缺点。互相包容，互相珍惜，互相携手，并打算一直这样下去。

三 热恋阶段

在这个阶段，会有初恋的甜蜜，也会有浪漫与温馨。在这一时期，双方可能认为生活是平淡的，双方是需要互助，也需要包容，爱情就是牵手共度余生。日子在一天天地慢慢过着，人也渐渐变老，在共同的地方生活，有一个人爱着你，愿意帮助你，这就是生活的真谛。

四 收尾或转化

爱情的最后阶段是最为重要的，因为这一阶段决定了两个人是劳燕分飞，还是连理比翼。在过了热恋期之后，双方的感情会退化，会因为边际效用递减而产生对彼此的反感，这样就可能会导致关系到此为止，大家一拍两散，各自再寻找新的对象，开始新的爱情周期，这是一种。而另一种则会正好相反，他们也会产生这种边际效用的递减，但是因为已经习惯了对方，或者明白感情也是有周期性的，过了这一个周期，一切会从头开始，原来的爱情会在此变成亲情，变成一种依赖，最终便会选择结婚，成功地将感情转化到最高阶段，真正地选择去共度一生。当然也有结婚之后离婚的，那也是因为在下一轮的周期中没有坚持下去的原因。

总之，爱情如经济一样，也是存在着周期性的。到底会因为周期来临时结束，还是继续，是由双方的智慧与对感情的理解所决定的，而不是周期。

▶ 经济周期

经济周期也称商业周期、景气循环，是指经济运行中周期性出现的经济扩张与经济紧缩交替更迭、循环往复的一种现象。是国民总产出、总收入和总就业的波动，是国民收入或总体经济活动扩张与紧缩的交替或周期性波动变化。过去把它分为繁荣、衰退、萧条和复苏 4 个阶段，现在一般叫做衰退、谷底、扩张和顶峰 4 个阶段。

3. 《婚姻法》 是婚姻的护航舰吗
——市场交易规则

> 拿什么来维护你，我的婚姻？

市场经济是一种自由经济。一般情况下，人们对市场经济的简单解释就是，人人可以自由进出市场，市场中的人可以根据自己的意愿来进行交易，也可以根据自己的意愿来中断交易。但是事实是这样的吗？也许并不是如此，市场经济虽然是自由的，谁都可以随时进出市场，但是市场交易也是有一定的交易规则的。

市场交易规则是指各市场主体在市场上进行交易活动所必须遵守的行为准则与规范。市场交易一般有以下的基本原则：

一　公开交易原则

除涉及商业秘密外，一般交易活动都要在市场上公开进行，明码标价，禁止黑市交易。

二　公平交易原则

出售商品必须实行明码标价，一切交易都必须在自愿、等价、互惠的基础上进行，严禁欺行霸市和强买强卖、囤积居奇、哄抬物价等行为。

三　自由交易原则

现代市场经济的重要特征之一，就是经济关系合同化。在市场交易活动中，交易双方必须签订并保证履行合同，违约必须赔偿经济损失。市场经济是契约经济，契约本身具有法律约束力，也需要法律的确认与保障。自然人、法人作为市场主体的法律地位平等，有交易的自由，有不交易的自由，也有选择与谁交易的自由。

市场交易规则的首要职能是规范市场交易方式，规范交易行为，规范交易价格。为了使人们能够在交易时遵守这些原则，各国都制定了相关的法规，如《经济法》、《公司法》、《反不正当竞争法》、《合同法》、《证券法》等等。市场交易就在这种法规以及不断完善的法规约束下展开自由交易活动，并不断发展进步的。而既然婚姻在某种意义上也可以算是一种自由交易的市场，那么它当然也有一定的市场交易规则，关于婚姻的市场规则主要的便是《婚姻法》。

我国《婚姻法》共有六章五十一条，完完本本、细致入微地规定了婚姻中的所有问题。于是有人便把《婚姻法》当成是婚姻的护航舰。是的，《婚姻法》保护了很多人，尤其是在遭遇婚姻利益分布不均的时候，它像市场交易规则一样，给人们以解决纠纷的标尺；可是**当人们运用《婚姻法》来维护自己的权利时，正昭示了婚姻的失败**。那么，什么才是婚姻的护航舰呢？

据美国"网络医学博士"网站报道，诸多婚姻、性学专家找到了一些新的"原则"，可谓是现代婚姻和爱情的"护航舰"。

一　一定要对你的结婚对象挑剔个没完。美国西北大学的保罗·伊斯特维克研究发现，越是挑剔的人，越容易获得异性的关注。

"这个道理并不难理解，挑剔无非就是让某一个人比较容易拥有你的心，而让其他人感觉遥不可及。这虽然增加了爱情的难度，但越难获得的才越会珍惜。"

二　充满挑战的婚姻才是最稳定的。很多夫妻认为，性生活美满、彼此恩爱、了解和体贴，都是婚姻稳定的基础。但是伊斯特维克教授的调查研究发现，日常生活中的相互配合才是幸福生活的关键。婚姻若能不断地面临挑战，久而久之，双方就能形成一套应对体系，在问题出现时，就能分工明确地克服。这里说的"挑战"未必是婚姻出现危机等重大变化，而是指搬家、跳槽等"牵一发而动全身"的事。

三　赞美固然重要，但泼冷水也很必要。你对配偶带来的好消息所做出的反应非常重要。配偶们对对方的反应分为4类：主动破坏（如"你觉得你一定能做好那份工作吗"）；消极破坏（沉默不语，或者转变话题）；被动性建设性（心不在焉地说"好啊"）；以及主动建设性（"我为你感到骄傲，但你可能要注意一些问题"）。让人惊讶的是，主动建设的态度能最大程度地推进夫妻关系。也就是说，赞美对方能够提高对方的信心，能够使对方更加信任你，但是同时泼冷水也是必要的，因为泼冷水能够使对方理性地对待遇到的问题，所以对方也就认为你是一个理性的伴侣，在婚姻中理性的重要性是不言而喻的！

《婚姻法》的存在使很多人不敢如儿戏般对待婚姻，也保护了双方中的弱者在婚姻中的权益，但是它绝对不是婚姻的护航舰。当婚姻已经到了用《婚姻法》来维护的地步，那么就说明婚姻已经没有了感情。为了争夺财产而对簿公堂，争个你死我活，虽然并不是不道德的事情，也不违反人类利己的本质，但是绝对不是保护婚姻该采取的做法。所以说，婚姻的护航舰不是《婚姻法》，而是用理性的态度对待婚姻，是让对方感觉维持婚姻对自己的收益大于结束婚姻，这才是婚姻的护航舰。

▶ 市场交易规则

市场交易规则是指市场交易者进行交易时要遵守的一些基本规则。这些规则的制定是为了维持市场秩序，使交易者能够在公平、公正、合理的情况下进行交易，避免不正当行为或者损人利己行为的出现，使市场能够长期存在并不断发展。

4. 供不供对方再深造
——企业核心竞争力

让谁成为家里的顶梁柱？

虽然现在大企业、大集团越来越多，一个公司生产多种产品的企业也有很多，但是无论是海尔，还是TCL，无论是娃哈哈，还是农夫果园，它们所生产的、或者是盈利的产品主要还是自己最初的主打品牌，也就是说这些企业虽然生产商品的种类繁多，但是也是有其核心生产产品的。从经济学的角度来说，这表明每个企业都要有自己的企业核心竞争力。

核心竞争力是一个企业（人才、国家或者参与竞争的个体）能够长期获得竞争优势的能力，是企业所特有的、能够经得起时间考验的、具有延展性的、并且是竞争对手难以模仿的技术或者能力。核心竞争力又称"核心（竞争）能力"、"核心竞争优势"，指的是组织具备的应对变革与激烈的外部竞争，并且取胜于竞争对手的能力的集合。核心竞争力是企业竞争力中那些最基本的、能使整个企业保持长期稳定的竞争优势、获得稳定超额利润的竞争力，是将技能资产和运作机制有机融合的企业自身组织能力，是企业推行内部管理性战略和外部交易性战略的结果。通俗地讲，核心竞争力就是一种独特的、别人难以靠简单模仿来获得的能力。

核心能力是企业在长期生产经营过程中的知识积累和特殊的技能以及相关的资源组合成的一个综合体系，是企业独有的、与他人不同的一种能力。麦肯锡咨询公司认为，所谓的核心能力就是指某一组织内部一系列互补的技能和知识的结合，它具有使一项或多项业务达到竞争领域一流水平的能力。

虽然说家庭并不需要与其他的家庭竞争，但是在家庭中的个人却需要提高自己的个人能力，以便在社会上打拼，获得一定的经济收益，然后投入到家庭这一最小规模的合资企业中来进行生产。从这个角度来说，家庭与家庭之间也是在进行不断的竞争的。而资源是稀缺的，有竞争就会有优胜劣汰，就会有成败，所以一个家庭与另外一个家庭进行竞争就需要有自己的核心竞争力，有自己不可取代的、不可替代的竞争能力。而竞争能力却不是天生的，而是后天培养的。对于一个家庭来说，如果有核心竞争力当然是最好的，但并不是所有的家庭都有核心竞争力，更何况一般情况下结婚的年龄都不是很大，个人能力也并不是很高，这就需要进行进一步的学习，提高家庭成员的个人力，进而提高家庭的核心竞争力。当然，如果两个人都继续深造，都提高自己的竞争能力，这当然是最好的。但是如果这样的话，家庭就会没有收入，就像一个企业没有利润一样，将无法运转。所以说，对于那些想要提高家庭核心竞争力的人来说，只能在两个人中选择一个来提高，也就是说，一方要赚钱养家，并供另一方继续深造。

对于一个普通家庭来说，首先要决定是不是需要供应其中的一人继续深造，以期提高家庭将来的核心竞争力。如果决定了为提高家庭的核心竞争力而供其中一个深造时，所要做的就是决定供应谁继续深造。而这是需要多方考虑的。

首先，要考虑的是家庭的经济状况。如果家庭有足够的资金，那么供谁深造都可以，只要双方协商通过即可；而如果家庭收入并不很高，则就需要双方根据个人的能力以及潜力，再加上个人的文化素质水平来分析、比较一下双方的比较优势，再根据实际情况来选定深造的方向，然后着手深造。

其次，继续深造的目的是为了提高家庭的核心竞争力，而不是为了提高个人的艺术修养或者其他与家庭核心竞争力无关的素养，所以一定要选择好进修的专业，而不能仅仅以个人的偏好为标准。

再次，最好不要全职深造。在如今生活压力如此之大的情况下，如果让一个人来供养全家的生活，可能有些困难。所以说，如果一方要选择深造，最好不要全职，而是兼职，并且也不要选择时间太长、且收效甚微的专业。

最后，还要做好心理准备。因为一方不再工作，另一方面则全力工作，自然可能会产生心理的不平衡，所以需要双方做好心理准备，要适当地调整心理，多进行交流沟通，以免导致家庭出现矛盾。

总之，无论是企业还是个人，都要有自己的核心竞争力，而对于家庭来说也是如此。只有有了一定的核心竞争力，才能为家庭带来更多的创收，家庭生活也就会变得越来越好。所以说，提高家庭的核心竞争力是必须的，但是也需要量力、因时、因势而异。

▶ 核心竞争力

美国著名管理学者普拉哈德和哈默尔提出了核心竞争力的概念，他们认为随着世界的发展变化，竞争加剧，产品生命周期的缩短以及全球经济一体化的加强，企业的成功不再归功于短暂的或偶然的产品开发或灵机一动的市场战略，而是企业核心竞争力的外在表现。按照他们给出的定义，核心竞争力是能使公司为客户带来特殊利益的一种独有技能或技术。核心竞争力还必须是企业所特有的，并且是竞争对手难以模仿的，也就是说，它是难以转移或复制的。这种难以模仿的能力能为企业带来超过平均水平的利润。

5. 过年去谁家过也是个问题
——资源的分配

> 独生子女结婚后过年如何是好？

计划生育到现在已经快实行 30 年了，而在计划生育政策下长大的一代，也就是出生于上个世纪 80 年代的许多人也都已经进入了结婚的时代。在计划生育政策之下，很多家庭、尤其是城市中的家庭中大多只有一个孩子，也就是独生子女一代。很多人对这一代人颇有微词，认为"80 后"一代是没有吃过苦的一代，也是自私的一代。有没有吃过苦因人而异，没有苦吃却自找苦吃，那只能是智商低下的表现，而自私则是人的天性。如果没有人类的自私、为利己而奋斗，也许到现在都没有进化成人类。"80 后"一代之所以让人看起来自私，不是因为前代人不自私，而是因为"80 后"一代更坦然率真，而不是藏着掖着，装做大方的样子。

但是无论自私与否，独生子女必然要面临着一个前所未有的问题：过年去谁家过？这一问题困惑了很多新建立的家庭。

孙奇杰和吴永华是大学同学，毕业后进了同一家公司工作。但因为都是独生子女，恋爱 5 年，却从没在一起过过春节。春节是中国人最重要的一个传统节日，除夕夜合家团聚吃年夜饭也是千百年延续的传统。去年他们结婚了，去谁家过年就成了一个问题。经过和双方父母的协商，他们达成了一致。今年他们去女方父母家过除夕，大年初二两人再一起去男方父母家，初六返回；明年则相反。虽然这样会很累，但他们还是觉得幸运："父母都很体谅，他们不会介意先去谁家、后去谁家。"

2010 年 2 月 25 日《郑州晚报》报道，正月初七到正月十一，郑州市中原区婚姻登记处办理了 45 对离婚手续，其中有一些人是因为很小的事情而闹离婚的。居然有好几对年轻的夫妻因为过年去谁家过的问题而争吵个不休，直至离婚。

自上世纪 70 年代中国全面推行计划生育政策以来出生的将近 1 亿独生子女，现在已进入婚育期。专家预测，未来 10 年，包括独生子女与独生子女、独生子女与非独生子女组成的家庭在中国会达到上千万个，并将成为社会主流。到2035年，双方都由独生子女构成的家庭比例，北京为70%，上海为72%。

北大社会学系教授夏学銮说，独生子女夫妇面对这样或那样的问题，这与他们的成长经历有关，"独生子女组建家庭之后要学会相互宽容和理解。"夏学銮还说，其实去谁家过年并不重要，到了对方的家里如何做才是关键，是"实实在在的孝心"。

话虽然是这样说，道理也是这样的道理，但是并不是所有的人都能做到"相互宽容和理解"的。出现这种难以解决的问题的原因很简单——资源稀缺性。

如果从经济学的角度来分析，子女过年去谁家过属于一种稀缺性的资源。首先，过年便是一种稀缺性的资源。因为一年只能过一次年，而且过年也只有短短的几天，尤其是除夕只有大年三十一个晚上。所以说，这种资源相对于一年的360多天来说，便是一种非常稀缺的资源。同时，成为夫妻的子女对每一个独生子女家庭来说也是稀缺性的资源。在过年期间，去了父母家就不可能去岳父母家，根本没法两者兼顾，这也是一种稀缺性的资源。

关于资源的分配，经济学家提出了效率与公平的原则。也就是说，资源的分配要有效率，要分配得及时，不能等到蛋糕融化了再去分配，到那个时候已经没有什么好分的了。所以说，分蛋糕要有效率。而只有效率而分配不公也不行，所以资源的分配还得公平。然而人是自私的，公平是很难做到的；无论是谁分，都希望自己能够得到更大的那一块，因此就会产生分配不均，出现矛盾。过年去谁家过也存在这种问题。首先效率是必须的，毕竟过年一年只有一次，而且是在固定的那几天内过。而公平则是很难做到的。因为去了一方的父母家，不可能在同时再去另一方的父母家。当然，如果父母开明，像孙奇杰和吴永华一样"去女方父母家过除夕，大年初二两人再一起去男方父母家，初六返回"，第二年则反过来也行。但并不是所有的父母都会答应的，毕竟除夕夜与年初二是不同的，更何况有些人的父母观念比较守旧，认为儿子、儿媳结了婚就只能在男方家中过年，而独生女儿的父母则也不愿意唯一的女儿过年不在身边。于是就会因为争夺资源而出现纠纷，甚至导致年轻夫妻的婚姻矛盾，严重的可能会导致离婚。

"过年去谁家过"的问题是一个很难解决的问题，因为这是一个稀缺资源的问题，也是一个机会成本的问题，根本无法解决。当然，也可以让双方的父母都到子女家中来过节，但是过年又不仅仅是父母与子女的问题，而独生子女的父母又几乎没有独生子女，他们还需要在过年的时候招待自己的兄弟姐妹等等。这一问题没有一个完美的解决方案，如果因为这个小小的问题而导致婚姻破裂则是不值得的。而处理这一问题的最好方法只能是"风水轮流转"，也只能靠双方的理解来相对妥善地解决。

婚姻中的"鱼与熊掌"

过年去谁家过；给谁的父母多少钱；谁的父母可以来家里长住；谁的父母来照顾自己的孩子；丈夫必须事业有成，但是不能成为工作狂；妻子一定得受欢迎，但是不能交际活动过多；男人必须有型有款，但是不能太时尚……

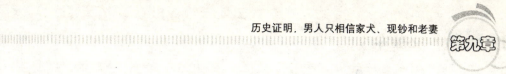

6. 婚姻出问题往往是一两件事造成的
——二八定律

如千里之堤般坚固的婚姻往往会毁于蚁穴？

19世纪末，经济学家帕累托在研究英国人的收入分配问题时发现，大部分财富流向小部分人一边。同时他还发现，某一部分人口占总人口的比例，与这一部分人所拥有的财富的份额，具有比较确定的不平衡的数量关系。而且，进一步研究证实，这种不平衡模式会重复出现，具有可预测性。经过归纳，他得出一个结论：如果20％的人口享有80％的财富，那么就可以预测，其中10％的人拥有约65％的财富，而50％的财富，是由5％的人所拥有。在这里，重点不仅是百分比，而在于一项事实：财富在人口的分配中是不平衡的，这是可预测的事实。

后人对于这项发现有不同的命名，例如帕累托法则、帕累托定律、80/20定律、最省力法则、不平衡原则等。人们有趣地发现，这种80/20法则简直无处不在。

20％的产品和20％的客户，涵盖了约80％的营业额。

20％的产品和顾客，通常占该企业80％的获利。

20％的罪犯施行了所有罪行的80％。

20％的汽车狂人，引起80％的交通事故。

20％的已婚者，占离婚人口的80％（那些不断再婚又再离婚的人，扭曲了统计的数字，让人对婚姻的忠诚度大感悲观）。

20％的孩子，达到80％的教育水准。

在家中，20％的地毯面积可能有80％的磨损。80％的时间里，你穿的是你所有衣服的20％。如果你有一只保安警报器，80％的错误警示，是由20％的原因造成的。

80％的能源浪费在燃烧上，只有20％的可以传送给车辆！

……

总而言之，在原因和结果、投入和产出、努力和报酬存在的不平衡之间，可以分为两种不同的类型：

多数只能造成少许的影响。

少数能造成大量、重大的影响。

企业80％的利润来自于20％的客户。

企业80％的利润来自20％的技术与管理骨干。

企业80％的利润来自于20％的技术与产品投入。

80％的财富来自于20％的投资。

在商业世界和人们的日常生活中，到处呈现出许多80/20法则的现象，这不能不引起人们的重视。其实我们仔细想想，不仅在经济范围内，很多事情都属于"二八定律"。婚姻出现问题，其实也往往是由很小的事情引发出了很大的问题，也可以说是属于"二八定律"的。

牙膏是从底部挤起，还是随意从哪个地方开始挤？洗干净的袜子是叠合在一起，还是随便放起来就行？早上起来是先刷牙再吃早饭，还是吃完早饭再刷牙？……不要小看这些看似琐碎的小细节，婚姻家庭专家告诫我们，恰恰是这些，而不是买房子、买车这样的家庭大事件，往往会成为夫妻翻脸的导火索。细节是魔鬼，对婚姻也是如此；多少桩信誓旦旦的婚约在经过生活细节的敲打之后，最终以土崩瓦解而收场。

小优从结婚后真正生活在一起的那天起，就发现他洗澡后不整理浴室，便请他一定要整理好。提醒他的时候，他就整理，但下一次，依然故我。小优在一次半夜起来去浴室摔倒后，决定离婚；她不知道别人的婚姻是怎么样的，总之，她不能过这样的生活。

还有一对夫妻，结婚10年，男方提出离婚。朋友都以为他嫌弃太太老了，可真实的情况是因为他再也无法忍受太太早上脸上带着眼屎给他和女儿煮早餐。

朵俏很爱丈夫，生了孩子后拼命减肥，当她向先生询问自己最近是不是瘦了一点时，丈夫那不屑的眼神深深地刺痛了她。以后又发生了几件类似的事情，比如对她给他买回的衣服嗤之以鼻。这都是一些小事，最后两个人只好离婚。

有报道说，南京一对博士夫妻因为对"黑格尔"思想的理解不一致，而协议离婚；另一对夫妻，因为妻子不能忍受丈夫挤牙膏每次都从中间挤，而提出离婚。在一个家庭里，夫妻一方非常爱打牌，而另一方则无休止地购买衣服，时间久了，谁也说服不了对方，只好离婚。

婚姻专家说得好，小问题会成为婚姻关系中的大问题。诸如此类的小事，对婚姻的杀伤力足够巨大。**80％的婚姻破裂都是因为20％的小细节引起的。造成绝大多数婚姻暗流和漩涡的，正是那些琐碎的细节。**比如说，一对男女离婚，只是因为男的不习惯做家务，女人习惯在床上吃零食；还有一对离婚夫妻，只是因为女的认为男的应该帮她买内衣，男的认为女的应该为他擦皮鞋；还有的理由更"夸张"，只是因为炒西红柿鸡蛋时，女的坚持放盐，男的坚持放糖，结果每次一做这个菜就必然会大吵一架。

一位离婚女性朋友说："生活是由细节组成的。影响每天心情的并不是多重要的事，而是那些鸡毛蒜皮的小事。小事虽然很细小，但是时间久了，就会导致情感出现危机，就会导致婚姻破裂。"为了避免婚后在生活中发生细节碰撞，避免只占生活20％的小事导致婚姻的破裂，《纽约时报》曾经开出婚姻专家列出的"婚前必问的15个问题"。专家认为，这些问题技术性地排出了90％以上的婚姻痛苦。这些问题适合每一个人阅读：

（1）我们要不要孩子？如果要，主要由谁负责？

（2）我们的赚钱能力以及目标是什么？消费观及储蓄观会不会发生冲突？

（3）我们的家庭如何维持？由谁来掌握可能出现的风险？

（4）我们有没有详尽地交换过双方的疾病史？包括精神上的？

（5）我们父母的态度有没有达到我们的预期？会不会给足够的祝福？

（6）我们有没有自然、坦诚地说出自己的性需求、性的偏好及恐惧？

（7）卧室能放电视机吗？

（8）我们真的能倾听对方诉说，并公平对待对方的想法和抱怨吗？

（9）我们清晰地了解对方的精神需求及信仰吗？我们讨论孩子将来的信仰问题吗？

（10）我们喜欢并尊重对方的朋友吗？

（11）我们能不能看重并尊敬对方的父母？我们有没考虑到父母

可能会干涉我们的关系？

（12）我的家族最让你烦心的事情是什么？

（13）我们永远不会因为婚姻放弃的东西是什么？

（14）如果我们中的一人需要离开其家族所在地而陪同另一人到外地工作，做得到吗？

（15）我们是不是充满信心地面对任何挑战使婚姻一直往前走？

▶ 二八定律

二八定律是指通常情况下，一个企业 80％ 的利润来自它 20％ 的项目；20％ 的人手里掌握着 80％ 的财富。有这样两种人，第一种占了 80％，拥有 20％ 的财富；第二种只占 20％，却掌握 80％ 的财富。推而广之，就是说在一件事情中，占 20％ 的部分决定了整个事情的发展走向。

7. 男人为什么能够轻易许诺
——谎言的成本与收益

男人天生爱撒谎，或者许下诺言能够得到什么？

2009 年好莱坞为电影观众奉上了一部非常特别的喜剧——《谎言的诞生》，这部电影讲述了如下一个故事：

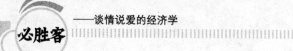

曾经有过这样一个世界：生活在这个世界里面的所有人类如同我们一样正常生活、工作、恋爱，但是他们却完全不会撒谎。这个世界里不存在谎言，大家根本不知道撒谎为何物。从政客到广告商再到街头的男男女女，他们的人生中说的每一句话都是发自内心的真话。

有一天，一个又胖又丑并且失了业的中年编剧马克因为房东的逼迫到银行去取款时，无意间撒了一个谎：他的卡上只有100块钱，但是他说成了800块。因为此前没有人撒谎，所以银行职员宁可以为是电脑坏了，也没有想到是他撒谎，取了800块钱给他。马克发现这个谎言给自己带来了好处，于是他开始接二连三地开始撒谎。在这个只说真话的世界里，马克一个又一个的谎言给自己带来了不少名利。在尝到甜头之后，他又开始胡乱编写历史，结果把一个只有黑死病的历史时代写成了一段有很多离奇故事的历史，深受老板及同事欢迎，事业也因此而开始腾飞，不久就成了著名的编剧、小说家，最终成为社会名流。这部片子虽然主要讲述的不是谎言的力量，但无疑它也揭示了一个颠扑不破的真理——谎言能够给撒谎者带来很多好处。

男人爱说谎似乎已经成为一个共识，至少在女性的意识中都认为，男人的确是非常喜欢说谎的。比如报纸和杂志上刊登的个人征友广告，诸如"孤独的灵魂渴望得到些许情爱"之类的，关于个人介绍的部分，全是谎言。在这个幻想世界里，懦夫成了猛男，酒鬼是"和蔼"的人，而所谓"慵懒的男士"其实是长期自闭内向的人。在广告的世界里，每个男人都富有魅力、单身、无拘无束、无忧无虑且拥有"无穷的幽默感"。可是当真正见了面才发现，不是歪瓜，就是裂枣，入目都不堪，更不用提入怀了。可是如果不撒谎呢？直说自己是懦夫，是酒鬼，是自闭内向的人？很明显，这样登广告的结果只有一个——只有人看广告，没有人应征。

从这里我们似乎可以看出，男人撒谎的原因是——吸引异性。只有用谎言包装自己，把自己夸成了"高、大、全，伟、光、正"式的翩翩美男子，才有可能吸引到女性给他们打电话，这样才能接触到女性，才有机会交到女友。也就是说，男人之所以撒谎，不是在信口开河地胡言乱语，而是为了达到一定的目的。也就是说，撒谎是为了一定的收益。正如马克一样，撒谎能给自己带来好处，所以他才会选择撒谎。在寻找婚姻对象的时候，一些个人条件较差的男性是不可能得到女性的过问的，所以只好出此下策，用谎言来把自己塑造成一个优秀的男子，先把女性骗到自己的跟前来，至于结果如何，那就"八仙过海，各显神通"了。

而很多男性则正是运用这种手段把女性骗到跟前来，然后继续运用誓言——大部分的誓言本质上其实也是谎言——来欺骗女性，信誓旦旦地对她说，自己将来要对她如何如何地好，自己要如何如何努力地去工作，自己要承担所有的家务，承担所有的家庭开支，等等，等等，凡是生活中可能会遇到的事，他都会打点好。而恋爱中的女人又天生容易为她们所称之为"甜言蜜语"的谎言所欺骗。

实际上，当男人做不到的时候，女人通常不会因为男人不守诺言就去喜欢那些憨厚的男人，反而动不动就骂憨厚的人为傻蛋。可见，女人的骨子里还是喜欢能说甜言蜜语的男人，至于这甜言蜜语里究竟有多少真实的成分，她们是无暇去追究的。

从这个角度看，男人不守诺言实在是被女人惯出来的，至少也是女人合谋的结果。谎言与诺言之间只有一纸之隔，并无清晰的界限。而且诺言大都是将来时的，不需要当场兑现，这就更增加了男人开空头支票的决心和勇气。假如当一个男人对自己的同居女友说，结婚时我一定给你买一个大钻石戒指，可在他的内心根本就没有要同她结婚的念头，因此，他就是把许诺给女友的钻戒说成鸡蛋那么大也无妨。

男人之所以容易撒谎，容易发誓，除了能带来一定的收益之外，还有一个重要的原因就是谎言的成本极低。所谓誓言，当然不是指我明天给你买一件裙子，后天你过生日的时候送你一束鲜花这等小事，而是等我有钱了，买座海景别墅给你住，买辆劳斯莱斯给你开，带你去周游世界。这些事情既遥远，又难以实现，同时也不用为此付一文钱，因为以他现在的能力，无法达成这些目标，所以付出的成本也只是"说说而已"，顶多浪费几个唾沫星子。

由此可见，男人之所以爱撒谎，是因为撒谎的成本与收益相差巨大：誓言几乎不需要成本，但是却能轻易俘获一个女人的心，所以为什么不撒谎呢？反正，牛皮吹破了天也不犯法。因此，我奉劝女人们，男人的诺言是当不得真的，常常说过就忘，倒是他的一些日常细节，会不知不觉地泄露他的心灵秘密。你想要找到真正的好男人吗？那就请多看少听。

▶ 男人的十大谎言

第一句：我不在乎你的容貌；第二句：我什么都答应你；第三句：你是我的唯一；第四句：我不会在乎你的过去；第五句：我发誓一定让你过好日子；第六句：是我错了；第七句：我一定会痛改前非；第八句：我一定会娶你的；第九句：我保证我没骗你；第十句：我会爱你一万年。

附 录

关于婚恋经济学的名家精彩观点链接

附录　关于婚恋经济学的名家精彩观点链接

1. 婚姻的作用：一是可通过劳动分工实现比较利益和递增报酬，比如女主内男主外，或女主外男主内，要比每个人既主内又主外，效率要高。二是互相提供信用，协调人力资本投资的收益，比如一人工作供养另一人读书，最后共享荣华富贵。三是可分享家庭共有品，如调女弄子的天伦之乐。此外还有彼此的知识和智慧，也是可分享的共有品。所以人们常发现，妻子教育程度上升，有助于提高丈夫工资。四是防灾保险，如生病不至于无人照顾。若问在印度和中国农村，女儿一般远嫁外地，为的是什么？一个合理的解释是为了更有效地防范农业歉收的风险。

——国务院发展研究中心技术经济研究部副部长李志军《理想婚期的经济学分析》

2. 婚姻契约是"终生批发的期货合同"。男女结婚，图的就是长期的合作和保障。婚姻契约是"终生批发的期货合同"。一个52岁的已婚者，是否应该为自己25岁时签定的婚姻契约负责呢？当然应该负责！所谓"负责"，就是指破坏婚约的人应该承担较重的代价。不管《婚姻法》修改成多严厉还是多宽松，受影响最大的只是颁布法律时已经结婚的人。对于尚未结婚的人，他们会审时度势，调整策略，合理预期，保护自己。离婚变得更难以后，离婚的人的确会减少，但结婚的人也会减少，而现在不结婚或推迟结婚的人，或许就是法律修订前容易离婚的人。

——经济学博士薛兆丰《婚姻的契约本质》

3. 世间没有免费的性事：性是参与者互有所得的生产和收获，性行为的生产过程和其他生产过程相同，同时亦有"成本会计"，其中包括机会成本、直接支出、间接开销（如饮食）、怀孕风险、努力的支消、违反道德标准的精神负担及可以扣税的支出。天下没有免费的午餐，同理，世间亦没有免费的性事！做爱必须是要参与者充分合作才能产生"效应"的人生经验，臻此境界须有2个先决条件，其一是对方不能逃避其应付的责任；其一是彼此都明白身兼施受双重角色。换句话说，性行为的伙伴都在追求同一目标，这种特性令性爱和一般日常活动尤其是商业交易有所不同。

——《信报财经新闻》社长林行止《性行为的经济学分析》

4. 性行为是富理性的。"道德"和"感情"这类抽象名词，无法解释性行为；性欲是与生俱来，但具有强烈的理性成分，唯有经济学才能做出合理解释。艾滋病令人们在性生活方面较为谨慎，这足以说明性行为是富理性的。野花为何会比家花香，拈花惹草为何更具吸引力？妻子或女朋友（丈夫或男朋友）对性服务不取分文，收费妓女便不能靠"大出血"招徕顾客（没法比妻子或女朋友便宜），因此，她们唯有花样百出提供与妻子或女朋友不同（用经济学术语是"差别化"）的服务，才不致床第冷落……

——美国"经济法学"先驱波茨纳《性和理智》

5. 人们结婚的目的是获得最大化收入：人们结婚的目的是在于希望从婚姻中获得最大化的收入。如果婚姻收入超过单身收入，那么人们会选择结婚，否则就会宁愿选择独身。结婚有收益，比如两个人可以互相照顾，或者获得社会的"正常"评价和认可，由于规模效应而节约生活开支等——曾经有位学生要我具体说说结婚的规模效应，我说："两个人单独生活要两套厨具，两个人结婚后只需要一套厨具，这就是规模效应。"结婚也有成本，比如搜寻婚姻产品信息，请客吃饭，在恋人身上的投入、下聘金、负担责任等等。人们结婚与否，总是在婚姻的成本和收益间权衡。婚姻是一种商品。如同所有商品可以在市场上交易一样，婚姻也存在一个交易市场——婚姻市场的存在也表明人类的婚姻具有高度的系统性和组织性。现代社会独身的人越来越多，可能有很多原因，但有一个重要的原因就是现代人很忙，搜寻婚姻信息的机会成本很高。而且，实际调查发现，白领阶层比蓝领阶层独身更多，结婚更晚，其原因也很大程度上在于白领阶层更忙，有更多赚钱机会，因而进行婚姻信息搜寻的成本更大。

　　　　——华南师范大学经济与管理学院教授董志强《婚姻的经济分析》

　　6. 缩小贫富差距比限制离婚更解决问题。我国已一跃而成为"离婚大国"。每年都有100多万对劳燕分飞。换句话说，每两分多钟就有一宗离婚案。离婚者的婚龄在缩短。在提高婚姻质量方面，与其从法律上大加限制，不如从缩小贫富差距上多下功夫。从统计数字上知道，婚姻质量最差的大多是暴富的富人，破坏他人婚姻的也大多是暴富的富人（包括以权致富者）。多收些利息税、遗产税、所得税、购物税、限制富人收入才是釜底抽薪，比限制离婚更能解决问题。高低悬殊不大了，谁还在婚姻上"这山望着那山高"呢？离婚率是有极限的。说我们的离婚多，是多在绝对数上。从离婚率上看，中国比美国、俄国低得多。等到离婚率过高的时候，没有那么多幼儿园容纳孩子，没有那么多适合单身家庭住的房屋，在离婚、再婚的过程中出现"新人不如旧人"的概率多了，社会自然承受不了，自然会有人叫起来。如果人们再发现频繁的离婚不利于家庭财富的积累，离婚率就会"涨定板"。

　　　　——上海大学社会学系教授邓伟志《判断婚姻存亡的标尺只能是爱情》